シンプル思考で
すっきり
身軽に暮らす

やまぐちせいこ

マイナビ

はじめに

この春、新しい土地で新しい暮らしを始めました。
夫の故郷に戻り、少し早い「第二の人生」をスタートさせたのです。
同世代の友人は「よく決断したね」というのですが、
周囲が思うほど私たち家族は不安に思っていませんでした。
4年前からモノを持たない暮らしを送っていたため、
小さな家でも、少ないお金でも、
家族4人で何不自由なく暮らせることがわかっていたからです。
実際、新しい暮らしを始めてみると、モノを持たない暮らしで
身についたシンプル思考が、日々の生活や人間関係に大いに役立ちました。
暮らしのしくみがシンプルになるにつれ、こんなことできないだろうな……と
諦めていたことにでも、一歩踏み出せる勇気を持てるようになったのです。
とはいえ、以前の私は、たくさんの物事をバランスよくこなすのが苦手でした。
インテリアがうまくまとまらずチグハグになるのと同じで、
家、暮らし、子育て、人生の調整力のなさを嘆いてばかり……。
でも、心と頭の重い荷物を軽くし、物事をシンプルに考えることで、
人生を複雑にしなくてもよいと気づき、身軽に生きられるようになりました。
家事がうまく回らない、家族としっくりいかない、人生なんだかパッとしない……。
そんな悩みを抱えている方に、この本が少しでもお役に立てれば嬉しく思います。

PROLOGUE

家族と始める小さな暮らし

モノが少ないと新しい暮らしも怖くない

「おっ、これならもし俺が転職して狭い家に移ったって、十分やっていけるね！」。今年の春に引っ越しが決まり、家族の荷物を見たときに夫が言った言葉です。

モノを持たない暮らしが身につくと、物理的な負担はもちろん、心の負担まで軽くなります。まず、1LDKあれば家族4人の荷物が収まるので、住む家の心配をしなくてすみます。次に、必要以上にモノを買わないので、暮らしにかかるお金が少なくてすみます。とにかく、「今の暮らしを維持しなきゃいけない」という夫の肩にかかる負担を取り払うことができます。時代が厳しい今、これはとても大きい。小さな家だって、少ないお金だって、暮らしていける。「健康な体と精神さえあれば、なんとかなる！」という理想を、モノを持たない暮らしでは、ラクラクと実現できるのです。

私がモノを持たない暮らしを送るようになったのは、4年前のこと。それまでは、部屋に家具や雑貨が溢れていました。インテリア雑誌を眺めては、布や板、100円グッズを使ったDIYに励む日々……。そんなある日、結婚後3回目の引っ越しで、ショックな事件が起きたのです。

引っ越しが終わらない——。

我が家は転勤族で、引っ越しには慣れているはず。ところが、モノが予想以上に多く、引っ越しが1日で終わらなかったのです。この出来事が、私が暮らしとモノを考える最初のきっかけになりました。引っ越した先では、造りつけの収納にできるだけモノを収め、家具に頼らない暮らしをスタート。少しずつ、モノが減り始めたのはこの頃です。暮らしが落ち着いた頃、次の引っ越しで、また事件が起こります。

子ども服は定番化することで、つい財布の紐が緩むのを防げます。右が娘で、左が息子の服。

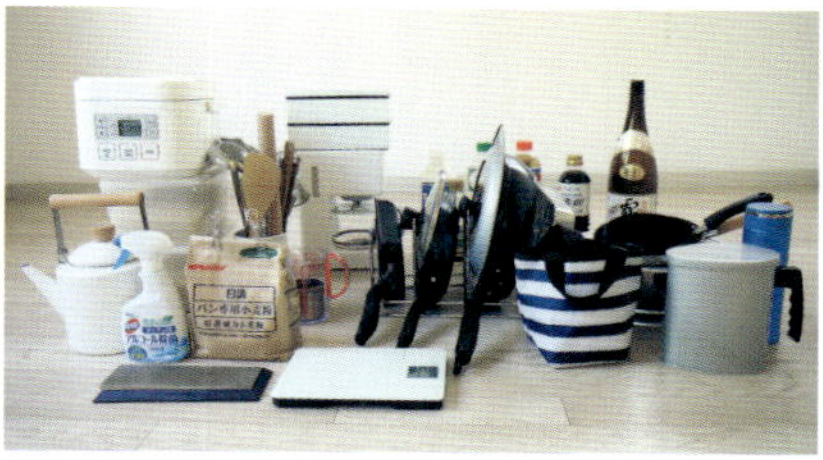

食器を除くとキッチンの荷物はこれだけ。今春の引っ越しは、2tトラックと自家用車のみ。

モノの整理で考え方がどんどんシンプルに

引っ越しの荷物が収まらない――。

今度の家は収納スペースが少なく、なんとか収めようとするもパンパンに。モノが探しづらく、毎朝「お母さん、宿題が見つからないよ～」と子どもの泣き顔を見るのは、辛いことでした。これではいけないと、モノは使うモノだけを持ち、使わないモノは手放すように。モノが減ったことで暮らしも小さくなり、「なんて暮らしやすいんだろう！」とはじめて実感できたのです。

そして今年の春、6回目の引っ越しを行ないました。夫の実家で義理の両親と同居を始めたのです。家の周囲には、豊かな自然が広がります。しかし、以前のように近所のスーパーやドラッグストアを我が家の貯蔵庫にする暮らしは望めません。モノがなかなか手に入りにくい環境では、モノが増えていきます。ストックを持ち、暮らしの備えをする。持たない暮らしから、ほどよく持つ暮らしへ。モノの量は暮らしと共に変わります。

ミニマリストというと、モノを持たない暮らしをイメージする人が多いと思いますが、モノが多い少ないは表面的なもので、その先の心の持ち方が大事だと私は考えます。大切なもののために、何を削り、何を残すかを判断し、行動を起こせる人――それがミニマリストです。

かつての私は、あれもこれもとなんでも抱え込みがちでしたが、モノを持たない暮らしを送るうちに、「今、ここでの優先順位は何だろう？」と頭の中を整理できるようになりました。すると、物事をシンプルに捉えられ、家事や育児、人間関係など、これまで抱えていた重荷を下ろすことができ、ラクに暮らせるようになったのです。

2015 Spring 前の家

上／ソファやクッション、テーブルランプ、ラグは、家族がくつろぐために必要なアイテム。これが、私たち家族にとってのミニマリズム(必要最小限)です。下／奥に見えるのが寝室で、壁裏にはパソコンコーナーも。夫がパソコンを操作しながら、家族の会話に参加できる配置に。

上右／夫婦の寝室で、洗濯物をさばく家事室にもなった部屋。上左／風邪、雨の日の洗濯物干し、友人のお泊り……。何もない部屋は、なんにでも使えて重宝。左／ダイニングテーブルは子どもたちの勉強場所。我が家はリビングで食事します。下／キッチンの調理道具は造りつけ収納にすっぽり。ほかは小さな食器棚だけ。

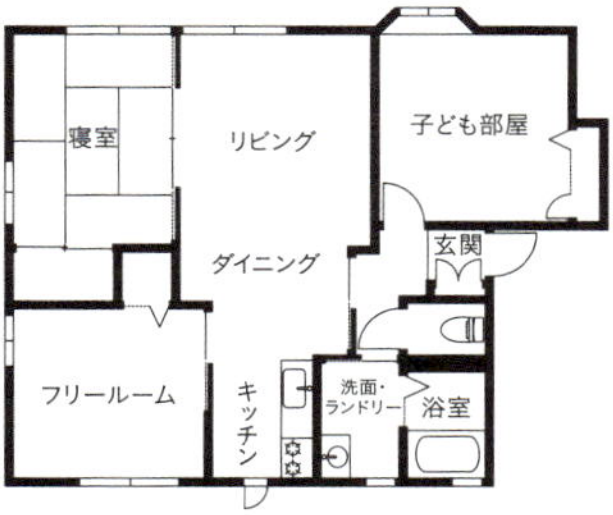

HOUSE DATA

3LDKの賃貸アパート。収納スペースが少なかったので、必要最小限の家具を用意しました。同時に徐々にモノを減らし、収納のしくみを改善することで、すっきり暮らしを実現。

2016 Spring 今の家

上／壁に板を張って腰壁風に。床でゆったりくつろげるよう、置き畳を敷きました。下右／娘の部屋は、壁にブルーの黒板塗料を塗装。下左／外の緑をのぞむ息子の部屋。奥は私のクローゼットです。

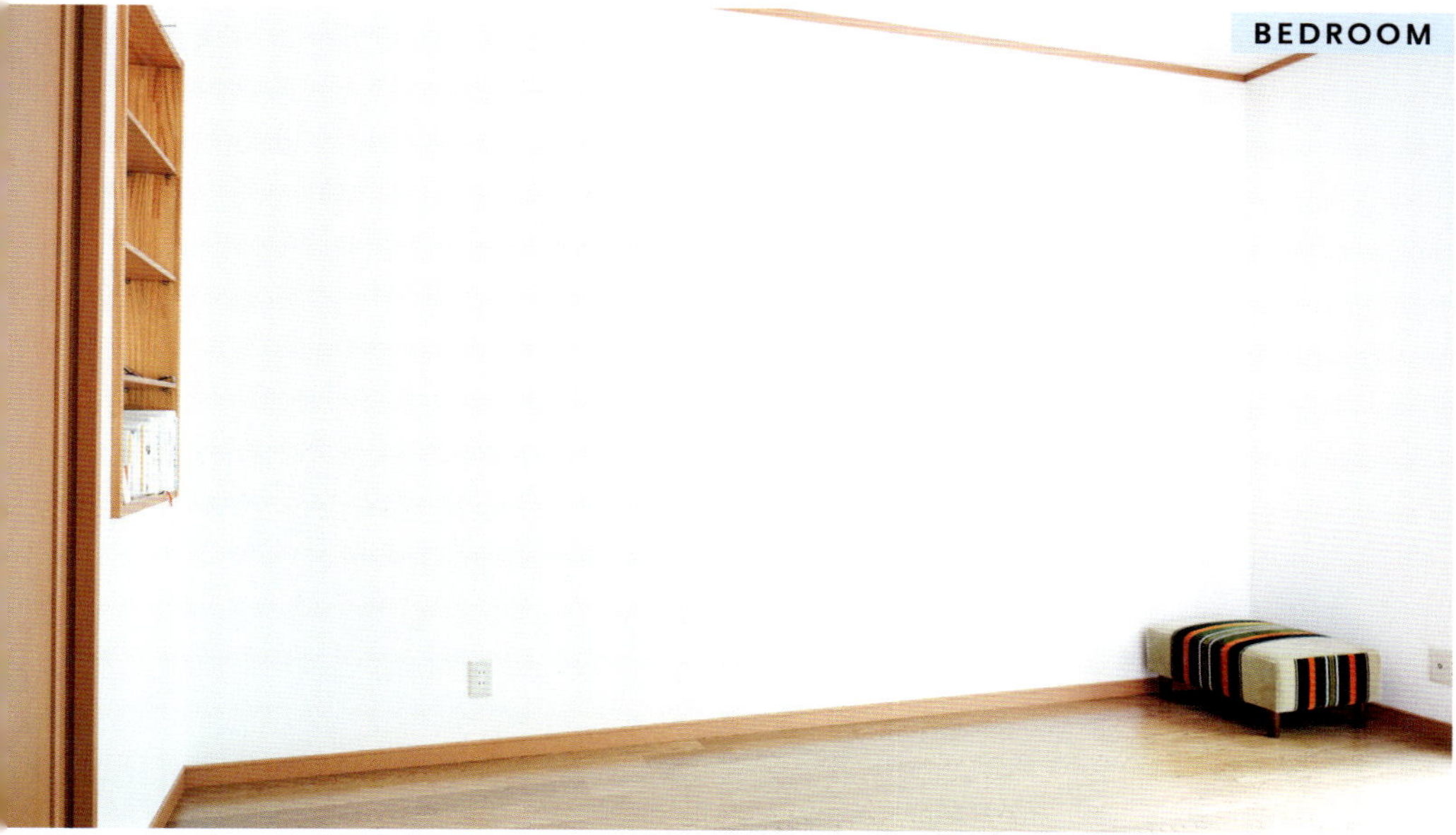

上／オットマンひとつだけの部屋は、寝ることに集中できます。右／洗面台を取り替え、壁に棚と鏡を取りつけた洗面・ランドリー。右下／家電棚を新調し、壁にはお手製の食器棚を。広くなったので、夫婦や親子で立つように。左／リビングと同じ板で腰壁を張り、カフェ風に。右の収納棚にはパソコンや書類を。

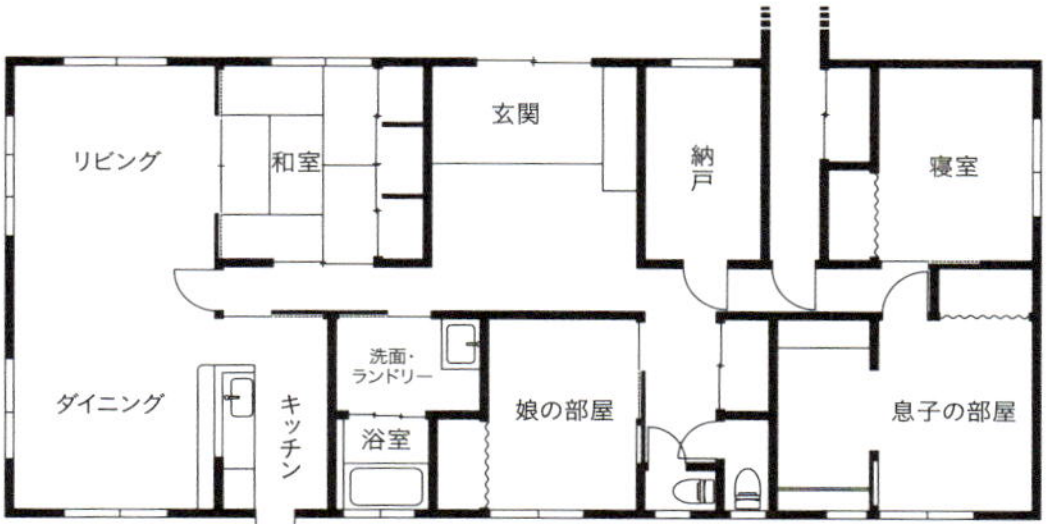

HOUSE DATA

4LDK＋Sの一戸建てで、廊下で母屋とつながる造り。各部屋にクローゼットがあり、服はハンガー収納になったため、管理が簡単に。収納スペースは増えましたが、適材適所を目指してDIYで改善中。

PART 1

モノの整理

モノを持たない暮らしで大事なのは、
モノを捨てたり減らすことではありません。
自分にとって、必要なモノを選ぶことです。
私はこの春引っ越しましたが、
暮らしの変化に伴ってモノが少し増えました。
しかし、それは今の私に必要なモノ。
柔軟に生きるのがミニマリストです。

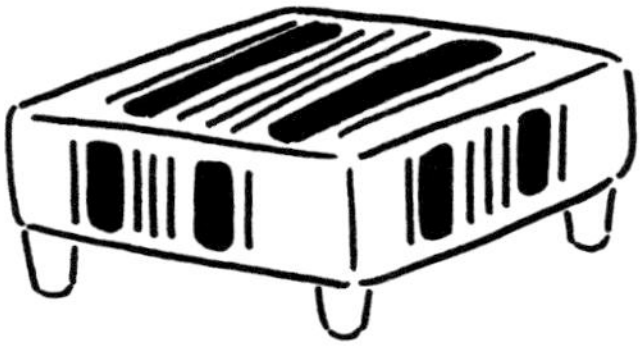

ほどほどのミニマム暮らしが心地いい

転勤族で引っ越しを繰り返していた我が家でしたが、この春夫の故郷での生活をスタートさせました。障害を持つ子どものサポートや義理の両親の老後、40代に差しかかった私たち夫婦の将来を考えての決断です。

これまでの暮らしは、「買い物にはある程度困らない」という生活環境でした。家から車で5分とかからない場所にスーパーやドラッグストアがあったので、まさにお店が我が家の貯蔵庫。必要なときはいつでも買える。ついでにちょっと寄って買える。ストックを持つ必要がない暮らしでした。

でも今は、最寄りのスーパーまで「わざわざ買いに出かける」という暮らし。しょうゆや牛乳、ラップをうっかり買い忘れたら、車を走らせて買いに行かなければなりません。「モノを持たない」ということに執着すれば、ストックを持たずにそのつど買いに行けばいいのでしょう。しかし、そのために時間と体力を消耗することを考えると、とても効率が悪い。必然的に、ストックの数は0から1へ。「ストックを持たない」暮らしから、「ストックを持ったほうがいい」暮らしへと変化しました。

私自身は、モノを必要以上に持たない暮らしがラクで好き。そのことに変わりはないのですが、モノを必要以上に持たない暮らしを求めて、「あれもこれも急いで買いに走らなきゃ！」と何かに心を追い立てられるのは、なんだか変ですよね。だったらそこは少し肩の力を抜いて、必要なモノは持つ。ストック1個が必要なら、それは持つ。大事なのは、モノの数ではなく、心にゆとりを持って家族との日々を過ごすこと。その根底が変わらなければいいのです。

また、すぐにモノが手に入らない暮らしは、生活を自らの手で作る楽しみを教えてくれました。私はもともと裁縫やDIYが好きなので、時間を見つけては、ひと針ひと針縫い物をして服やアクセサリーを作るように。自分のお気に入りを生み出すために、好みの布や糸をストックしています。

さらに、モノを必要以上に持たない暮らしを始めて、以前よりモノを大切に扱うようになり、「モノのメンテナンスって、こんなにおもしろいんだ!」ということにも気づきました。新居の汚れた壁紙を張り替え、内装に合った椅子の生地を探す……。暮らしを作る道具や材料は少しずつ増えていきますが、それも今の私にとっては必要なモノです。

必要以上にモノを持たない――。**暮らしにルールがあると、何も考えずルールというレールに乗っていれば、確かにラクチンです。でも、そのルールを少し重く感じるなら、レールから外れたっていい。**

持たない暮らしを長く続けるコツは、「これ、こうするとどうなる?」「これ、こうなったらいいんじゃない?」と感じたことを「えいや!」とやってみることです。やってみて、「これは違うなぁ」と思えば元に戻せばいい。今の私もお試し中。ストックも「やっぱりいらないな」と思えば、また0へと戻すでしょう。

暮らしの中の「これ、いいね!」を緩やかに探すことが、心地いい暮らしへとつながるのです。

ストック0→1へ

不便な場所での暮らしは、ストックも必要なモノに入ります。今はひとつですが、数は暮らしで変化します。

上／基本の調味料は、買い置きを持つように。調理途中にきらしては、我が家の料理部長、夫のやる気をそいでしまいます。下／古い一軒家は湿気が多く、洗濯の回数も多め。洗濯洗剤のほか、シャンプー、食器洗い洗剤など家族の清潔を保つモノをひとつストック。

作る生活

買えないモノは
作ることで補います。
そのための材料は増えますが、
使う＝必要なモノ。

近くに洋服屋さんがないので、服やアクセサリーは自分で作る機会が増えました。それに伴って、布や糸などの材料が増加。今は刺し子のブローチ作りに夢中。

暮らしの手当て

必要な道具は持ち、
家族にとって心地いい空間を作ります。
手を加えることで、私らしい家に。

右／引っ越してまず買ったのが除湿器。ローテーションを組んで、毎日各部屋の除湿を行なっています。左／家の内装に合うよう、椅子の座面を緑からグレーに張り替えました。DIYグッズも増えたモノのひとつ。

暮らしの備蓄品

生活には変化がつきもので、必要なモノもそのときどきで変わります。思い出の品を捨てて後悔したことはないのですが、今の暮らしに合わないと一旦処分し、あとから買い直したモノが数点あります。

そのひとつが茶色のバッグ。昨年の春夏に「白シャツの制服化」（白シャツを中心としたコーデで毎日過ごす）に挑戦した際、秋冬に気に入って使っていた茶色のバッグが合わず、処分しました。ところが、翌秋が巡ってきたときに「やっぱりあのバッグだった！」と捨てたことを後悔し、買い直したのです。それでも、「この茶色いバッグは私の秋冬の定番品」とわかったのは、一度手放したからこそ。「もう一度同じ値段を出してでも買い直したいモノ」はもはや定番です。私は、この茶色いバッグを二度と捨てることはないでしょう。

私は以前から不必要と判断したモノは、「すぐ捨てるモノ」と「一時保管」に分けています。気に入っているものの、今の暮らしには合わない。でも、暮らしの変化で使うかもしれないと悩んだモノは、「一時保管」箱に。段ボールに入れて、1年間封を開けないモノは、中身を見ないで処分します。この家に引っ越してからは、食器やフライパン、服を箱に入れました。今の暮らしは、以前と違ってモノが手に入りづらく、同じモノをすぐに買い直すのは困難。それに、新しい環境では、ライフスタイルや気持ちに変化はつきものです。

多くの人は、ミニマリストは「捨て魔」と思っているようですが、それは誤解です。**あとになって、「あぁ、しまった！」と後悔しないためにモノを持つことも、ミニマリストの選択**のひとつです。

まだ使えてまた着る服

上／服は基本的にワンシーズンで着倒しますが、状態のよいものは翌シーズンまで持ち越します。「作る生活」には時間が不可欠で、万が一作れなかった場合の備えに。下／子どもの家事参加で食器を割ることが増えたので、メラミン製に変えました。いずれ扱いに慣れたら、元の磁器に戻すつもり。料理の変化に対応できるよう、ざるやフライパンもストック。

家事の変化に備える

不必要、でも必要

私は、「無用の用」という言葉が好きです。老子の思想に基づくことわざなのですが、「無意味だと思われることでも大切な役割を果たしている」という意味があります。

この春まで暮らしていた家に、「何もない部屋」という部屋をひとつ作っていました。何もない。とても贅沢です。その部屋をなくして小さな家に住み替えれば、家賃が下がります。家計にとってはそのほうが助かりますが、私たち家族には「何もない部屋」がひとつあるというのは、心のゆとりでした。訪問客を「どうぞ」と泊められる、病気を患った家族の看病に集中できる、ひとりで静かに勉強ができる、雨の日に洗濯物が干せる……。モノを置く部屋ではありませんでしたが、家族にとっては大切な部屋でした。

今の暮らしも「これって必要？」というモノが数点あります。たとえば、寝室に置いているオットマン。柄が気に入って買ったものですが、オットマンとしてはあまり使ってはおらず、就寝前に読んだ本や眼鏡を置いています。しかし、ただ物置きとして使うなら、別のモノでもいいはず。それでもお気に入りのオットマンが部屋にあるだけで、「私の寝室」だと思えます。それは「何もない部屋」と同じ。不必要だけれど、あることで安心感を得られる。そういうモノは大切だと思います。無駄を削り身軽でいたいとは思いますが、心を削り落としてまでそうでありたいとは思いません。**モノとして機能していなくても、心として重要な役割を果たしているのだったら、それは必要なモノ**でしょう。

モノを置かない部屋は「デッドスペース」ではなく、「何も置かないスペース」として必要。「無用の用として置く」という、モノの整理の仕方もあるのです。

上／寝室に置いたオットマンは、いわば「ここは私の寝室ですよ」というマーキング。モケット生地のほっこりとした質感と、レトロ感たっぷりなストライプがお気に入り。

下右／息子の「真っ暗では眠りづらい」というリクエストに応じて買ったテーブルランプ。子どもの安眠を守るモノは、私にとっても必要なモノ。

下左／ブティック社の『こぎん刺しのこもの』を見て作ったブローチ。なくても服は着られますが、枯山水の庭に咲く一輪の花のように、おしゃれがぐっと楽しくなります。

家族の便利、私の不便

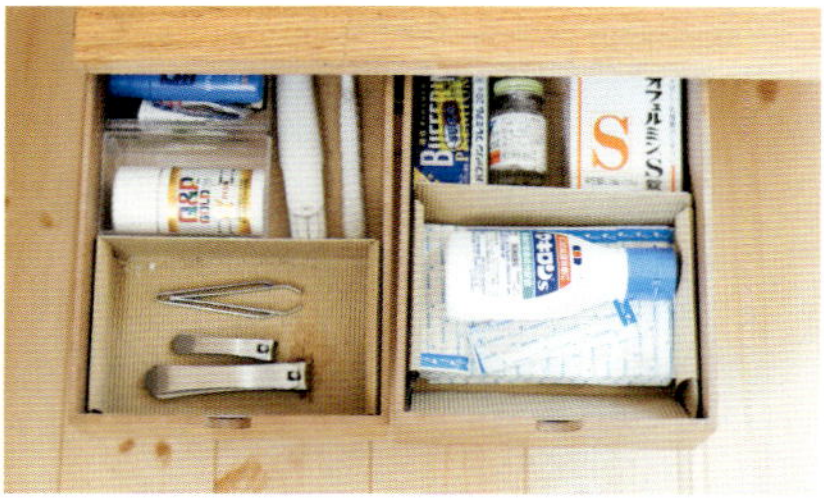

ソファで使うことが多い爪切りや体温計は、テレビボードに収納場所を設けました。座ったまま手が届くので、散らかし屋の家族でも元に戻せます。

「まったくもう、ソファさえなかったら！　掃除がラクになるし、靴下の脱ぎ散らかしを防げるのに……」。

ソファについては、何度も家族で「ソファを『捨てる？　捨てない？』どうしよう会議」が開かれています。そのたびに「ソファは癒しの空間なので捨てないで下さい」という結論に至り、いまだに捨てられることなく我が家にあります。

私がソファを捨てたい理由は、ソファが物置きになってしまうから。靴下、漫画、リモコン……。ソファを捨てられないのだったら、ソファの横に一時置きの箱でも置けば？という意見もあるでしょう。そうすると「なんとなく片づけた風」にはなりますが、根本的な解決にはなりません。靴下は洗濯機へ、漫画は本棚へと戻して欲しいのです。

家族にとっては、1日の楽しみのひとつにソファの存在があります。帰宅後に疲れた体を沈め、ぼんやりとテレビを見る。ソファは私の不便を生みますが、家族には便利なモノ。**ソファを捨てると、私は片づけや掃除が大幅にラクになります。しかし、そのことで家族がリビングでくつろげないとしたら、そちらのほうが問題は大きい**ように感じます。

小さな問題をひとつ解決することで、大きな問題が起こることはよくあります。ポイントは「問題をすべて解決しようとしない」こと。小さな問題をわざとひとつ残しておけば、それ以上大きな問題は起きないものです。

ソファについては、家族の意見が一致したときに捨てればいい。我が家の靴下問題は、どうやら根気よく声かけを続けるしかないようです。

上／ソファはかっこうのモノの隠し場所。片づけが苦手な家族がひとたび座れば、脱いだ靴下や読んだ漫画がご覧のとおり。下／ソファの下にモノがあると、朝の掃除は片づけから始めないとならず、小さなストレスに。

買い物の失敗は、する

モノを必要以上に持たない暮らしを送るようになり、無駄な買い物や無駄な出費が大幅に減りました。

それでも、この暮らしに行き着くまでは、買い物の失敗の連続。暮らしの定番といえるモノに出会うのは、そう簡単なことではありませんでした。

家具やインテリアは、イメージを固め、寸法を測り、いざ買って部屋に置くと「あれれ？思っていたものと違う……」ということをいまだに経験します。

新しい家での失敗第1号は、娘の部屋の入口のカーテン。手芸店で見つけた布地がかわいらしく、2週間ほど悩んだ末に買ったのですが、かけてみると部屋の雰囲気に合いませんでした。まるで洋服屋さんで見かけて「これ、かわいい！」と買った服を、帰宅して着用してみると体形に合わずがっかりしてしまう、あの感じに似ています。入念に決めて買っても、合わせてみなければわからないモノは、必ずあります。失敗のない買い物はないでしょう。

また、自分の気持ちの波が原因で、失敗してしまう買い物もあります。

昔から携帯電話は白を好んで使っていたのですが、5年間愛用した携帯電話が壊れた際に、なぜか赤を選んだのです。ちょうどその頃、暮らしの定番が決まり、それに満足していたつもりでしたが、同時に暮らしがマンネリ化していました。そんな生活に飽きて、どこか刺激を求めていたのだと思います。赤色の携帯が欲しかったわけではなく、欲しかったのは刺激。赤い携帯電話を買って3日後に、「やっぱり白がよかった！」と自分の本当

赤色携帯の失敗から学んだことは、自分の気持ちをコントロールする大切さ。方法のひとつには、家事の「ルーチン化」(P80〜81)があります。

の気持ちに気がつきました。

暮らしの定番を持つことは、とても楽しい。しかし窮屈なルールで縛りつけてしまうと、次第に息苦しさを覚えるようになります。すると、無意識に刺激を求め、「あぁ、失敗した！」という後悔が待っているのです。

昔、『Come home!』という雑誌のインテリアに憧れて、DIYに夢中になった時期がありました。シンプルなインテリアに落ち着いた頃、「『Come home!』時代の買い物は失敗だったなぁ、お金を無駄にしてしまった……」と自分を責めたことがありました。しかし、今新しい家の修繕を自分の手でできるのは、あの失敗があったからこそ。『Come home!』時代にあれこれ挑戦していなければ、壁紙を貼ったり、椅子の生地を張り替えるなどの知識はなかったでしょう。過去の失敗が今の暮らしの経験へとつながる。それは人生の醍醐味です。

失敗を恐れ過ぎると、「これもダメ。あれもダメ」となんだか自分を肯定できなくなります。人生はチャレンジです。失敗を失敗として終わらせてしまえば、次へはつながりません。大切なことは次へ活かすこと。私はこれからも、「失敗は、する。でもわかったうえで挑戦します！」と飛び込んで失敗することがあるでしょう。

失敗も暮らしの楽しみ。新しい失敗がドンドン増えると、人生が豊かなものになると信じています。

モノもお金も「見える化」

1～50円が出たら貯金箱に入れ、貯まったら寄付しています。財布に入れているのは100円以上のみ。残金を瞬時に換算でき、使い過ぎを予防。

我が家には家計簿がありません。

持たない暮らしを始める前までの数年間、お菓子代や飲料費など、細かくジャンル分けした家計簿をつけ、毎月の出費を管理していました。週予算を決め、その範囲でやりくりしていたのですが、「毎日お金のことばかり考えて生活するのはイヤだなぁ……」と次第にストレスに。そこで、家計簿管理から、ざっくり袋分け管理へと切り替えました。

食費や日用品費などのひと月の予算を決め、それぞれの袋にお金を入れて、買い物に行く前に取り出します。すると、袋のお金を見れば残りがわかるので、「こんなに使ったっけ？」「わっ、これだけしかない！」と現状を把握しやすいのです。以前はクレジットカードのリボ払いで買い物をすることもありましたが、ある日、支払い残高が予想以上の額でショックを受けました。お金の「今」が見えなくなると、暮らしは深刻になります。

お金を現金で「見える化」し、**モノと同じように「奥に何があるかわからない」＝「クレジットで再来月に支払いが発生するかもしれない」状態を避け、把握しやすい管理に**します。

1万円札が千円札、小銭へと崩れ、小銭入れがパンパンになるようなら、それはお金が頻繁に動いている証。お金は小さくなればなるほど精神的な重みが軽くなり、ぞんざいに扱うようになります。お金の崩れは、「お金に対する意識の崩れ」なのです。私は財布を小銭があまり入らないものへ変えたことで、お金の崩れを「見える化」できました。

お金を持つからには大切に使う。お金に対する意識が変わったことで、暮らしにもゆとりが生まれました。

食費、日用品費、ガソリン代、お小遣い、習い事など、品目別に月予算を決めて袋の中へ。オーバーしがちな食費のみ、袋を4つ用意し、週管理に。

服は心で選ぶ

「友達とランチをするにはぴったりだけど、会社の取引先との会食はこの服でいいのかしら？」と悩むことがありますよね。

行動経済学では、前者を「社会規範」、後者を「市場規範」といいます。友達とのつながりは値段がつけられませんが、仕事のつながりではお金が絡みます。「社会規範」は交友関係、「市場規範」はビジネス関係。2つの価値観は同居しづらいため、洋服選びで悩む原因を生みます。また、バランスを取ろうとすることで、数はどんどん増えていきます。

ここで大切なのは、「服は心で選ぶ」ということです。ベースは自分の心です。もう少し明確にすると、全部で20着・昭和テイスト・ナチュラル・丸の内ＯＬ風など、**「自分の好きなテーマをひとつ決める」というのも、心で服を選ぶ基準のひとつ**です。

たとえば、モノを持たないライフスタイルの人は、シンプルな服を好みます。「全部で20着」というテーマを持ち、好きな服を選ぶ。ここには、「着たい服を着る」「モノはこう持ちたい」という心の基準が見えます。結果的に、プライベートもビジネスも兼用する洋服を選び、「社会規範」と「市場規範」を満たします。

私の秋冬のテーマは、白のトップス×ストライプのパンツ。写真のパンツは現代版のもんぺで、街でもご近所でも多用途に着回せます。上下の枚数は10〜13着ですが、アウターやバッグ、靴の合わせ方で雰囲気を変え、自分なりのおしゃれを楽しんでいます。

洋服は、「社会規範」と「市場規範」のどちらも使えそうか？　心が求めるテーマに合っているか？　などを考えて買うようにすれば、やたらと増えないように思います。

暮らしの変化で、3足だった靴が4足に増えました。日本野鳥の会のサイトで見つけたオリーブ色の長靴は、洋服を選べばスーパーにだって行けます。

ベージュのステンカラーコートと黒のポシェットを合わせて、ランチ会やお出かけに。白のレースアップシューズで、マニッシュさを演出。

肩にパープル色のカーディガンを羽織って秋らしく。組み合わせ自在のストライプパンツは「うなぎの寝床」（福岡県八女市）のもの。

モノで「素敵な暮らし」は手に入らない

新しいことを始めるとき、モノを買うことからつい始めてしまいませんか？　それがきっかけで始められることもあれば、買って満足して終わることも、私にはよくあります。

たとえば、毎日颯爽とウォーキングをする自分。いつかジョギングができるようになると嬉しいな。そうだ！　足にぴったりと合う靴を買おう。ところが、靴を手に入れたことで、ウォーキングをする情熱は冷めてしまいました。張り切って買ったウェアが、たんすの肥やしになってしまったことも、一度や二度ではありません。結局は、何か理由をつけて新しいモノが欲しかっただけなのです。

似たようなことは、家電選びでもよくあります。たとえばオーブンレンジの商品カタログには、「これを手に入れると、こんなに素敵な暮らしが待っていますよ！」という暮らしの提案がされています。スタイリッシュな家に、最新型のオーブンレンジ。その傍らには、幸せそうに微笑む家族の写真。オーブンレンジの機能を駆使すると、ふだんは絶対に手を出さない料理が簡単に作れそうなワクワクした気持ちになりました。「これなら料理の苦手な私でも、明日からお料理上手！」。

実際はというと、ふだん使う機能以外はほとんど使わず、「明日からお料理上手！」な私にはなれませんでした。モノを買うときのワクワク感は手に入れたときがピークで、長くは続きません。モノを買うとき、多くの人は心で買っています。一方の売る側は、モノを売っているのではなく、心を売っている。商売の中には、そういうモノがたくさんあり

選んだオーブンレンジは、流行りのスチームつきではありません。毎日使う食品の温めと、たまに作るチキンの丸焼きに対応できれば、それでよし。

ます。

ミニマリストというモノを持たないライフスタイルは、料理上手な人が、冷蔵庫の残り物でパパッとおいしいものを作るのに似ています。

私は、ミニマリストが限られた服でおしゃれを楽しんでいる様子を見て、服を着ることへの深みを感じました。それまで私は、洋服はバリエーションを持たないとおしゃれじゃないと思い、たくさん持っていました。でもそれは逆で、限られた数しか持たないと、人はモノを大切に扱います。一日履いた靴を磨く、服のしわを伸ばす、ニットの毛玉を取る……。ひとつひとつの所作が、じつはとってもクールでおしゃれだと気がつきました。おいしい料理と同じで、丁寧な下ごしらえが、服を着たときのおしゃれにつながっているのです。

モノを買うだけでは、素敵な暮らしは手に入りません。

「これを手に入れたら、素敵な暮らしが手に入る！」ではなく、**「これを手に入れたら、どんな楽しみ方が待っているのか？」と模索することが大事**です。私の場合は、モノを手入れする楽しさを見つけ、新しいおしゃれの仕方や喜びを得ました。そんな楽しみ方をひとつひとつ見つけるたびに、苦痛だった家事が楽しみとなって、暮らしがよりよくなっていく。

誰にでも合う「素敵な暮らし風」ではなく、自分だけの「素敵な暮らし」を手に入れることができるのです。

COLUMN 1

シンプル思考なモノ選び

少なく持てる、多用途に使える、インテリアを兼ねる……。ミニマムな視点でモノを選ぶと、家はどんどんすっきりします。

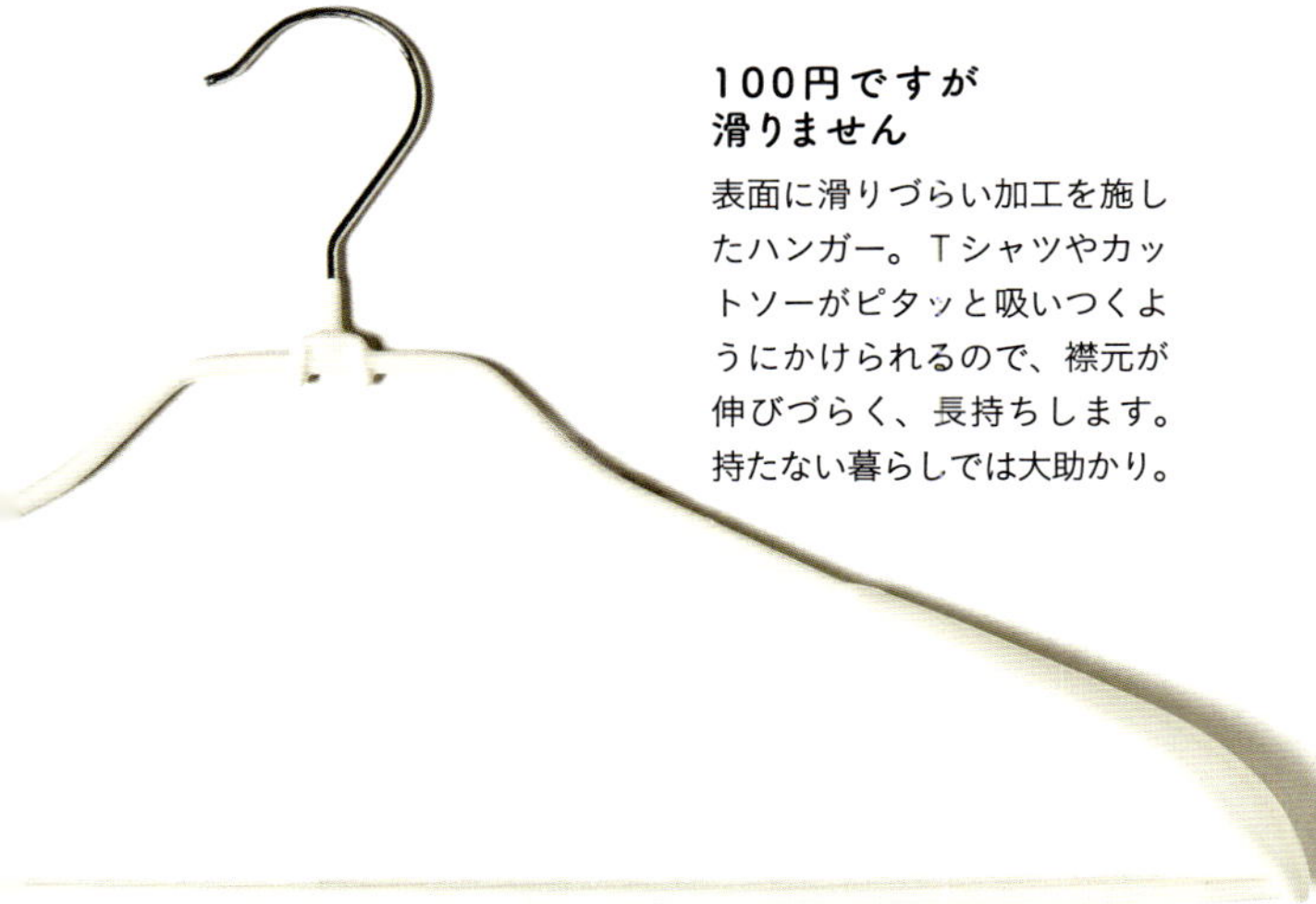

100円ですが滑りません

表面に滑りづらい加工を施したハンガー。Tシャツやカットソーがピタッと吸いつくようにかけられるので、襟元が伸びづらく、長持ちします。持たない暮らしでは大助かり。

ムダのないシンプルデザイン

シンプルな文字盤と直角のコーナーがミニマム。冷蔵庫の角にぴったりと収まります。今は風呂番の息子の部屋で使用。ドリテックのデジタルタイマー「スリムキューブ」。

かっこいい角形ハンドル

計量カップの目盛りは赤が相場ですが､これは黒。シルバー製品と並べても、相性がバッチリです。ハンドルもカクカクした形でスタイリッシュ。近所のホームセンターで購入。

オールシルバーのすっきり感

刃から持ち手まで、すべてがシルバーのツールはなかなかないもの。シルバー1色でそろえると統一感が出て、ごちゃごちゃしがちなキッチンもすっきり。ナフコで購入。

使って飾れる便利なざる

100円ショップで見つけたざる。洗いかごに使用し、乾いたらそのまま食器棚へ。ナチュラルな見た目は、棚に置いてもおしゃれです。小物や果物など、多用途に使えるところがミニマム。

壁に吊るして 雑貨代わりに

パッと目を引くハンドタッチの格子柄は、ネットで見つけたもの。壁のフックに吊るして収納すれば、インテリアとしても活躍します。堀井和子さんの「レザーハンドルトート　格子柄」。

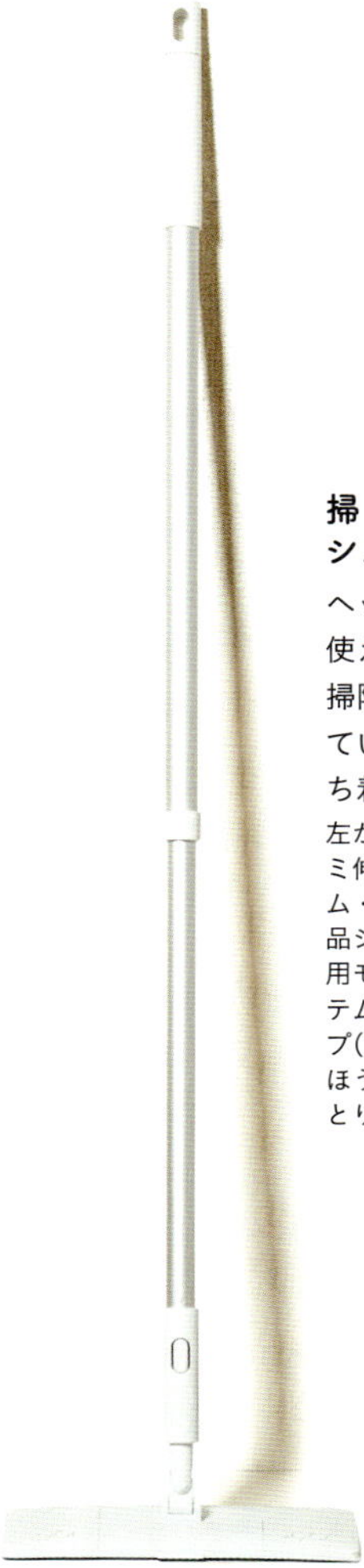

掃除も システムの時代です

ヘッドやモップをつけ替えて使えば、ポールは1本でOK。掃除道具をたくさん持たなくていいので、合理的です。落ち着いたグレーの色合いも◎。

左から、掃除用品システム・アルミ伸縮式ポール、掃除用品システム・フローリングモップ、掃除用品システム・フローリングモップ用モップ(ドライ)、掃除用品システム・フローリングモップ用モップ(水拭き)、掃除用品システム・ほうき、掃除用品システム・ちりとり／無印良品

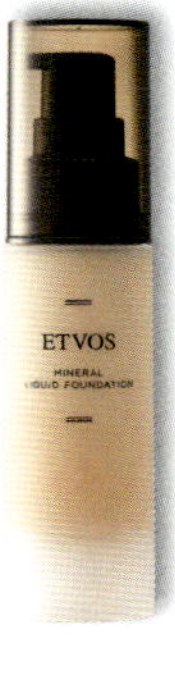

クレンジングと 下地が不要です

石けんで落とせるので、肌への負担が少なくてすみます。肌なじみがよく、仕上がりもナチュラル。下地いらずで、簡単にベースメイクが整うので、慌ただしい朝にぴったり。

ミネラルリキッドファンデーション／エトヴォス

どこでも置ける 色とスリムさ

置き場所に迷わないシンプルなデザイン。厚みが薄く、本棚にも余裕で置けます。ふたつ持ち、子どもたちが使用。東芝エルイートレーディングの「CDラジオ」で、約5000円で購入。

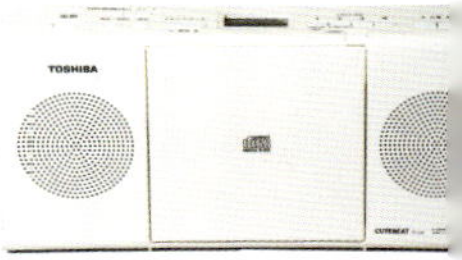

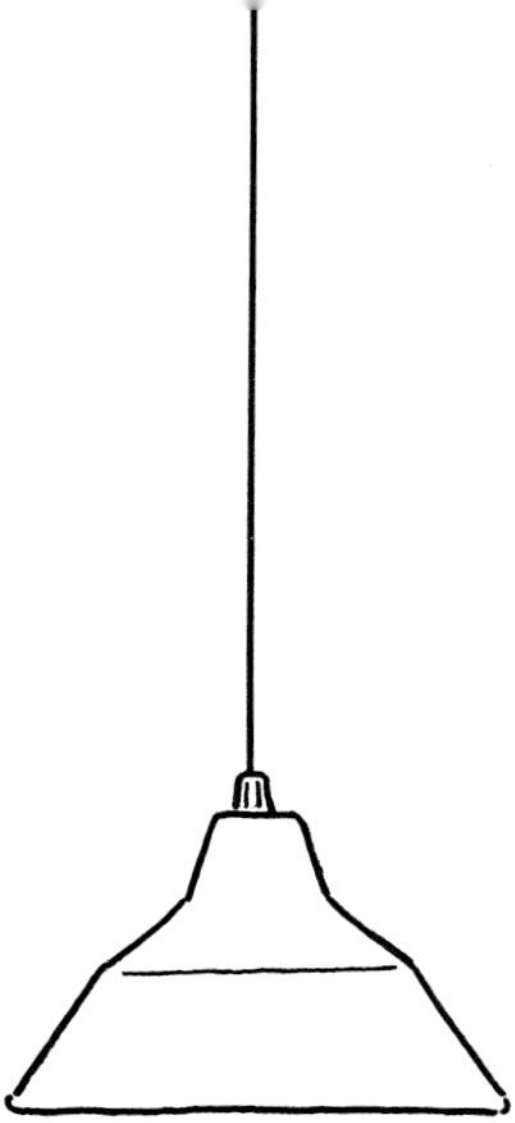

PART 2
部屋の整理

モノを片づけ、掃除をすませ、風を通す。
すると、部屋の空気が変わるのがわかります。
部屋は、ただ漠然と
「キレイになればいいな」
「片づけやすいといいのに」と願うのではなく、
はっきりと目的を持つことが大切です。
私の目的は、
家族の安全と安心、子どもの自立です。

引っ越し先はシックハウス

この春、夫の故郷に戻り、新しい暮らしを始めました。

新居は義理の父が建てたもので、長年別の親族が暮らしていましたが、彼らの退去のタイミングと私たちの入居のタイミングが合い、引っ越しが実現したのです。

先住の親族より「家具を少し残していくけれど、全部捨てていいからね」と聞いていました。モノが残っていれば、ただ捨てればよいこと。ところが、フタを開けてビックリ！　壁や建具のカビ、住宅設備の破損、大量に残された家具に服に暮らしの道具たち……。残された家の汚れとモノの多さに、呆然としました。

1カ月半かけて家具やゴミを片づけ、いよいよ新しい暮らしが始まると迎えた6月。気がつけばクローゼットの服にカビが！　壁紙・建具・電化製品……とカビがすべてのモノを侵食していました。

エアコンに頼りきり、換気が行なわれていなかったこと。モノを詰め込み、空気の流れが悪かったこと。そして、義理の両親と親族の間にボタンのかけ違えがあり、窓という窓をふさいでしまっていたこと……。家族間の関係がシックになったことで、家もシックになっていたのです。

引っ越して3カ月目のある日、エアコンを使ってみたら、すごいにおいがしました。小さな汚れがここまで積み重なってくると、さすがに心を蝕んできます。家を掃除していると「どうしてここまでの状態にしてしまったんだろう？」と悲しい気持ちになるのと同時に、「自分たちが汚したわけではないし、どうせ掃除してもまた汚れる……」という思い

新しい家は自然に囲まれた一軒家。広々とした家はいくらでもモノを所有できますが、持たない解放感は素晴らしく、家族がのびのびと暮らせます。

が頭をよぎりました。

「どうせ○○だ」と放置してしまえば、状況はますます悪くなるばかり。「どうせ自分たちが汚くした家ではないし」「どうせまた汚れるし」を繰り返せば、この家は以前と同じ状態になります。

「どうしてここまでの状態にしてしまったんだろう？」という私の疑問の答えは、この「どうせ」ではないかと思うのです。以前、この家を使っていた親族から「湿気がひどいから、住む家ではないよ」とは聞いていました。「どうせ掃除をしても湿気がひどいから……」と掃除を手放したことが入口だったのかもしれません。

家とは家族の象徴です。

私自身、悩み苦しんでいた時期は家が荒れ、掃除をする気力が湧きませんでした。私は、家が好きです。家族が好きです。きれいごとを除いて書くと、好きと嫌いも同居するのが人間です。愛していると思いながらも、深い憎悪が共存したり、「捨ててしまいたい！」と思いながらも、それがなければ生きてはいけない。家族とは細い針の上に立ち、ささいな心のバランスの中で、複雑な感情と共に生きているものなのです。

私が家に対して最善だと思うのは、「光を入れること、風を通すこと、モノを詰め過ぎないこと」の3点です。これらは、人との関係においても通じるところがあります。光を入れることは、相手のよいところを見つけること。風を通すことは、お互いにコミュニケーションを交わすこと。モノを詰め過ぎないことは、ひとりでなんでも抱え過ぎて無理をしない

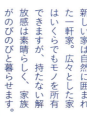

こと。

この家の修繕作業や片づけ作業は、義理の両親やご近所の方とのコミュニケーションを生み、互いに話す機会を与えてくれました。そうやって言葉を交わすことで家に光を入れ、風を通しました。また、外へ出てバーベキューをしたり、近所の方が気軽に我が家へ寄るスペースを作りました。しかし強い光は家を傷めますし、強すぎる風は家の中のモノを吹き飛ばしてしまいます。肝心なのは、心地よくあることです。

新居はシックハウスでした。

それでも私はいつも何かを判断するときに、「変えられるものと変えられないもの。これは、その2つのどちらであるか?」と考えます。

壁紙や建具は変えられるものです。変えられるものは変えればいいのです。そして、人の心は変えられませんが、話し手と聞き手の双方で成り立つコミュニケーションは、片方が変われば変えられます。そう、自分が変わればいいのです。嫌いな人を好きになる必要はありません。しかし「おはよう」と声をかけることはできます。返事を返す・返さないは、相手の自由。自分から「おはよう」のボールを投げることで、言葉のキャッチボールは始まります。

大変なことが目の前に障害として立ちふさがるとき、それは「変えられるものか? 変えられないものか?」とシンプルに考えることで、道は拓けるのです。

カビとほこりが入り混じり、外が見えなくなったトイレ。清潔を保ちたい場所ですが、窓も壁も汚れでいっぱいでした。

モノで外の光を遮った玄関は、非常に暗い印象。暮らしの道具のほか、段ボールなどゴミの置き場所になっていました。

右／キッチンの扉は壊れ、流し台もドロドロでした。調理道具や調味料のほか、ペットのエサもそのままの状態。上／壁紙はカビとしみで真っ黒。洗剤で拭き取っても落ちなかったので、自分で新しいモノに貼り替えました。

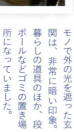

親の片づけに向き合う

私たち家族の新しい暮らしは、義理の両親との同居。同居の始まりは「親の家を片づける」という相手の価値観に触れる作業でした。義理の両親は昭和を謳歌した団塊世代、一代前は明治生まれ。代々受け継がれてきた暮らしの道具が、倉庫に眠り続けていました。

義父は「服やモノは破れていたって、使えれば使える」という考え。座面が破れた椅子があり、私たち夫婦が「これはもう使えないよね?」と聞くと、「いや、使えるよ。君たちから見たら『使えない』かもしれないけれど、ワシには十分『使える』モノだよ」と言っていました。確かに「使える・使えない」の境界線は、個人の価値観。

一方で義母は、「片づけられない人」だと周囲から聞いていました。義母もそのことを気にしていて、私たち家族との同居を機に「さぁ、どんどん片づけるよ!」と張り切っていました。ところが、一緒に作業をしてみると、「これは捨てようね。あれも捨てていいよ!」と取捨選択ができる人だとわかったのです。

義父と義母で「捨てる・捨てない」と意見が分かれた場合は、「使えない」「出番のない」食器類は処分し、贈答品のタオルなどは雑巾にして再利用しました。2人とも捨てないと言ったモノは処分しませんでした。片づけたい気持ちはあっても、一歩を踏み出すのはなかなか難しいもの。その一歩を、私たちは同居により後押ししたのです。

モノの取捨選択ができる義母が今まで片づけられなかった理由は、多忙にありました。義父の両親の介護と看取り、義父の会社の経理、地域の役員、畑仕事、家事……とてもマルチに働いていたのです。本当を言えば家のことをもっとやりたい。でも、時間がない。

同じモノが複数出てくるのも親の家の片づけの特徴。湯のみやお膳のほかに、布団、食器、冷蔵庫、線香、ろうそくなどが大量に出てきました。

義母のように自分の時間を投げ出して周囲のために働いてくれる人がいるから、家や地域が支えられている。そのことは大切にしたいと思いました。義母が私たち家族の「必要以上にモノを持たない・持ち込まない」というライフスタイルに理解を示してくれたのと同じように。もし、どちらかが相手の領域に踏み込み、無理矢理相手を変えようとしていたら、私たち家族の同居生活は破綻していたかもしれません。

親の家を片づける作業を通して、子どもである夫も、両親とは違う価値観を持った人間だということがわかりました。夫は「一度買って『合わない』と思ったら捨て、買い直す」。義父は「一度買ったら捨てるのは『もったいない』。次に何かあったときに役に立つかもしれないから、捨てない」。生きた時代が違えば価値観も変わります。

夜にテレビを見ていると「日本人は伝統を生きる民族です。しかしその伝統も今や滅びようとしています。何を引き継ぎ、何を変えるのか？　変え、引き継ぐ……そうやって未来に伝統のバトンをつなぐのです」という言葉が耳に入ってきて、なるほどと感じました。歌舞伎などがよい例で、「スーパー歌舞伎Ⅱワンピース」（漫画『ワンピース』が題材の現代風歌舞伎）のように、変えるところは変えながらも、基本は変えない。でも全体を見ると、とても変わったように感じます。

義理の両親や祖先が築いてきた生活の知恵や文化を**「合わないから捨てる」と全部捨てるのではなく、残すべきは残す。その微妙なさじ加減が、親の家を片づける子どもにとって大切**なのではないでしょうか。

暮らしのイメージを持つ

部屋作りではまず、「どんな暮らしをしたいか?」をイメージします。今も昔もテーマは同じで、家族がリビングに集まる家。テレビは、家族がリビングのどこにいても見える場所に置いています。

親の手を離れるまでは、家族は同じ空間で同じ時間を過ごす。それは、私の両親から教わったことです。私が中学生の頃、番組の優先権は大人にあり、チャンネル争いではいつも兄に負けていたため、見たいテレビが見られませんでした。当然、学校で友達との会話についていけず、あるとき両親に「子ども部屋にもテレビが欲しい!」と懇願したのです。するど父は、「テレビを買って部屋に置くことは今日にでもできる。でもね、それをすると、お前たちは子ども部屋から出てこなくなるよね。それは親として困る。お前たちは、いつかは巣立っていく。家族として一緒にいる間は、同じモノを見て、同じモノを食べる。それが家族だとお父さんは思っているから、テレビは置かないよ」。

そう言われ、私はなんの反論もできませんでした。父なりに家族を大切に想っているのだな、と感じた瞬間でもありました。**テレビのない部屋のお陰で、私は家族の会話が多い家庭に育ち、自分の言葉で気持ちを伝える大切さを学びました。**私の話を聞いてくれる。私の意見を否定されない。私のことを真剣に考えてくれる人がいるという安心感……。

そして、我が家も子ども部屋にテレビを置いていません。子どもはテレビを見に、ゲームをしにリビングにやってきます。テレビのない子ども部屋は、「暮らしはこうありたい」という親の願いの表れなのです。

テレビやゲーム、パソコンはリビングダイニングで管理しています。家族が互いの気配を感じ、会話に飛び入り参加できる距離感を大切に。

インテリアの制服化

インテリアが好きで、10年前はナチュラル、その次は北欧、もっというと風水にも凝った時期がありました。季節に合った色合いを考え、模様替えをするのは楽しいもの。しかし色のバランスが取れず、チグハグな部屋に。家族からも「そんなに模様替えをする必要はあるの？」「モノの配置がコロコロ変わるのは使いづらい」とクレームがありました。

私は昨年、洋服を制服化したのですが、インテリアにもこの方法が使えると考えました。制服化とは、学校の制服を着るように、これと決めた服を毎日着ること。そうすることで、朝の洋服選びに迷わず、洋服の数が減って家計もラクになりました。自分のスタイルが生まれ、以前より人からおしゃれと言われることが多くなったように思います。

インテリアも季節に関係なく「白・黒・ナチュラル」の3色に限定したところ、空間にまとまりが生まれました。**洋服と同じでルールを決めれば、余計なモノを置かなくなり、すっきりとした部屋に。**模様替えが減って、モノの置き場も定まり、家族からは「使いやすくなったよ！」と大好評。

今暮らす家は木造の一軒家で、オレンジに近い木の色味が特徴的です。3色のひとつ、ナチュラルカラーの板を壁に張って腰壁風にしたところ、家族が「私たちの家！ って感じがしていいね」と喜んでくれました。引っ越し前の家に、雰囲気が似ていたのです。

変わることも大切ですが、変わらないことも大切。転勤族の我が家は土地を変わることが多く、今まで6回の引っ越しを経験しています。住む土地は変わっても、家の中は変わらない。インテリアを固定化することは、家族に安心感を与えてくれます。

上右／アクセントカラーの黒は全体の1割。テレビのほか、クッションカバーやタオルに取り入れています。写真は「ジュビリーロンドン」のもの。
上左／我が家のインテリアの半分は、白でできています。食卓を照らすペンダントライトも白。ニトリで見つけたもので、北欧の「スナフキンランプ」に似たフォルムと琺瑯風の質感がお気に入り。
下／使うほどに味が出る無垢材のダイニングテーブルをもう3年愛用しています。家具を木製でそろえて、3色をほどよいバランスに。

片づけられない家族の「片づくしくみ」

夫と2人の子どもは、散らかし屋の片づけ下手。とくに長女は発達障害を抱え、先天的に片づけが苦手です。歌が上手な人とそうでない人がいるように、本人の努力が及ばないことは、しくみを工夫してフォローしたい。片づけの負担が少しでも軽くなるよう、しくみをできるだけシンプルにし、家族の「苦手」を克服できるようにしました。

①モノは必要な分だけ

モノをたくさん持ち、モノで収納スペースを埋めてしまうと、片づけが苦手な人は管理ができません。100枚あるカードの中から必要なカード1枚を探すのは大変ですが、10枚の中から1枚を探すことはたやすい。モノの管理は、数で決まります。

②分類・分散し過ぎない

片づかない理由は、モノの家がないことだと思い、モノを細かく分類し、小さく分散して収納した時期がありました。ところが、収納場所が増えたことで、「あっちの収納・こっちの収納」「あの箱・この箱」と逆にモノが探しづらくなったのです。そこで、個室から大部屋に移すように、モノの家を減らし、モノを見つけやすくしました。

また、分けるときは、たとえば「ここでは着替えるから服がある」「あそこでは絵を描くから紙とペンがある」というふうに場所や目的で分け、感覚的にピンとくるように。

③目に見えてわかりやすく

モノの陰にモノが隠れてしまえば、そこに何があるかわかりません。たとえば、2つの

登校後に散らかっているモノを拾い上げ、袋に入れて一時保管。ゴミの日までに子どもが自分で気づき、元の位置に戻さなければ処分します。

ケースは前後に並べず、左右に並べて、モノを見つけやすい収納にします。ポイントは一列です。洋服もたたまず、一列に並べて吊ることで、モノのありかがひと目でわかります。

④適度な色分け

障害を持つ娘は、視覚情報が多いとモノを見つけられません。色分けすることで見つけやすくもなりますが、し過ぎると混乱して逆効果です。そこで、学用品など必要な道具は色つきを選び、布団カバーやシーツは白、インテリアも色味を抑えて、道具を見つけやすくしています。これは、まだ字が読めない小さな子どもにも有効です。

⑤定期的なリセット

いつもいつも「片づけなさい」と口うるさくしては、子どもが遊びに集中できません。そこで、登校前とゲーム前に片づける約束をし、それ以外は自由に。「学校へ行く」「ゲームをする」など片づけの目的が明確になると、苦手な人も片づけられるようになります。

⑥必要以上に変えない

P60「全出し清掃でキッチンをスリムに」でもご紹介していますが、私はモノを定期的に見直します。一定期間使っていないモノは処分しますが、収納の位置を頻繁に動かすことはやめました。片づけが苦手な家族が、やっとモノの位置を覚えた頃に変わってしまえば、モノを見つけることも、使用後に元の位置へ戻すこともできません。使いづらさから位置を変える場合は、家族にしっかりと告知します。

分ける

モノは場所や目的で、ざっくりと分けます。細かくし過ぎず、ラベルを見なくてもパッと思いつくように。

右／娘の部屋。クローゼットには服と寝具を収納し、学用品などは置かないようにしています。ここを開けるのは、寝る・着替えるときだけ。左／学用品や文具、工作材料は、壁の棚に。こちらは学ぶ・遊ぶ場所。はっきりと場所を分けることで、モノの混在を防ぎます。

右／粘土、マーカー、鉛筆削りなど、お絵描きや工作、勉強で使うモノをまとめています。左／自分で作った作品やお気に入りのモノを飾る場所。目的で分ければ、大事なモノを慌てて取り出して壊すこともありません。

吊るす

モノが見えていないと探すのに時間を要します。一列に吊るせば、ありかが一目瞭然。

上／夫のクローゼット。オンシーズンの服はすべてハンガーにかけ、吊るしています。全種類が見渡せるので、選ぶのがスピーディー。ハンガー収納は、洗濯後もたたむ手間が不要でラクチンです。

下／子どもたちのリセットタイムは、登校前とゲーム前。登校後に散らかっているモノは、ピックアップ→一時保管→処分の道を辿ります（P49）。捨てられたくないモノは急いで取りあえず拾って袋へ。

リセット

集中するとモノは散らかります。だからこそリセットで、定期的に片づける習慣を。

子どもは机にしまい込む

私の大きな悩みのひとつは、子どもが朝「お母さん！　モノが見つからないよー」と泣きながら訴えてくること。子どもにわかりやすいようにと収納を細かく分けていたのが、かえってモノが見つからない原因を生んでいました。

我が家の子どもたちを見ていると、遊ぶことに夢中になり、片づけは手近な引き出しにバサッと放り込むだけ。学習机の引き出しは常にモノがパンパンで、どこに何をしまったかを覚えておらず、3つある引き出しから探し出すのは至難の業でした。学習机が大きな収納道具になっていたのです。

どうせ1箇所にバサッと入れてしまうなら、収納場所をひとつに絞ることで、モノを探す場所を明確にしよう――。実験的に学習机を撤去し、箱を学用品用ひとつとおもちゃ用ひとつにしたところ、子どもが自分で管理できるようになりました。箱の中をがさごそと探す不便はありますが、「あれはこっち・これはあっち」とあちこち探し回らずにすんでラクに。そのかいあって、朝の呼び出しはぐんと減りました。

収納の基本では、モノを分類し、分散して収納するのがよいと聞きますが、**セオリーを踏んでも自分の問題が片づかない場合は、基本に忠実でなくてもいいのです。収納は、他人の正しい答えではなく、自分にとって正しい答えを探すことが肝心。**

子ども部屋の収納で大事なのは、自分で身支度や準備を行えるよう、子どもが管理しやすいしくみを作ること。学習机があるせいで、モノをなくす、準備が整わないなど、自立の妨げになるなら、それは持つ必要のないモノだと私は思います。

もともとは、子どもが個室での勉強を寂しがって始めたダイニング学習。学習机を用意したこともありましたが、結局使わず、収納道具になったので、処分しました。

お絵描きが大好きな娘のリクエストで、壁一面をキャンバスに。壁紙の上から、ブルーの黒板塗料を塗りました。黒板塗料（水性）は、下塗り剤を塗った上に2度塗り。

GIRL'S ROOM

娘の収納

障害を持つ娘の部屋は、
できるだけシンプルな収納にしています。
配置やケースを工夫し、
すべてが見えるようにしました。

一列に並べる

学用品や文具を収納したコーナー。ボックスの奥行きに合わせて、収納棚兼机をDIYしました。モノは前後に重ねず、一列に並べて、死角を作らないようにしています。

色で覚える

混在しやすい紙類は、色で記憶をサポートします。3色のボックスを用意し、教科書、絵本、写真や絵を入れ分けて。倒れると下に隠れて見つからないので、仕切りを活用。

見せてわかりやすく

透明ケース+ラベルで、中身をわかりやすく。使っているうちにごちゃ混ぜになっても、中が透けて見えるので簡単に見つかります。

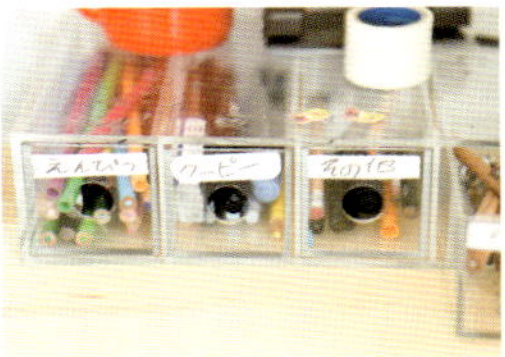

インナーも吊るす

洋服収納のルールは「見える化」。スカートの下に履くスパッツもハンガーにかけています。「どこに・いくつ」あるかがわかれば、洗濯やコーデのプランが立ちやすくなります。

自然は私だけのインテリア

上／息子の部屋のインテリアは、窓越しに見える緑。日々移り変わる景色は、雑貨のように飽きることはありません。下／床に木漏れ日が映り込む様子は、まるで光と影のアート。

転勤族だった私は、引っ越しのたびに「何もない部屋」を見てきましたが、キレイと感じたことは一度もありませんでした。

ところが、自分の家のモノを大幅に減らし、「何もない部屋」ができ上がったとき、その美しさに心を奪われました。ブラインドの1本1本の羽が影となり、光のアートとして床に描かれていたのです。モノを飾ることが素敵な部屋作りだと信じていた私の考えが、大きく打ち砕かれた瞬間でした。

ミニマリストというライフスタイルは、日本の禅の逆輸入と言われています。京都のお寺など古くからの日本建築の写真を見ると、部屋にモノはひとつもありませんが、整然とした美しさがあります。庭の植物や枯山水の砂紋など、外の自然を内に取り込んで、インテリアとして楽しんでいたのです。

部屋にモノを置かない、雑貨も飾らない。「それって楽しいの？」と誰もが思う疑問を、私も考えたことがありました。しかし一度、飾った雑貨や絵を外し、窓を開けて光を入れてみて下さい。そして、時間で変化する部屋を見て欲しい。朝の7時に部屋を染めるオレンジ色の光、午後の3時に伸びる庭のトネリコの影……。そういう、モノ以外の「どうしてこの美しさに気がつかなかったんだろう！」がたくさん見つかるはずです。

モノは使い込むほどに、味わい深い「自分のモノ」になっていくのが愛おしい。一方で、自然との暮らしは「私だけが知っている特別な時間」を与えてくれる。**必要以上にモノを持たなくても、すでに「私だけの特別」を持っている**のです。

部屋に置いてあるのはベンチとテーブルランプのみ。窓の外の緑がインテリア代わりです。机が必要なときは、折り畳み式のテーブルを利用。

BOY'S ROOM

息子の収納

面倒くさがり屋の息子は、
なんでもガサッと入れてしまう傾向が。
そこで、収納は細かく分けず、1箇所にまとめています。
ただし、量の増加は致命傷なので、適度に整理を。

前後に並べない

隣に併設された押し入れ。息子の学用品のほか、私の裁縫道具やオフシーズンの服なども収納しています。ボックスは一列に配置し、すべてのモノを出し入れしやすく。

ハンガー収納は見やすい

Tシャツもジャージも全部ハンガーにかけています。一覧できて見つけやすく、身支度もあっという間。左右でボトムスとトップスを分けて。トイバケツにはぬいぐるみを。

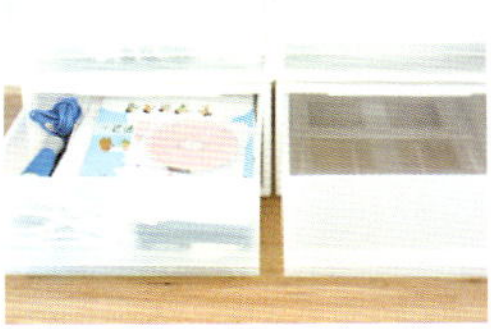

空箱で整理を促す

左の引き出しは、プリントやディスクなど、取りあえずモノをしまう場所。いっぱいになったら、いらないものを右の空箱に移し、しばらく使わなければゴミ箱行き。

よく使うモノは時計の下

イヤホン、漫画、レンタルビデオ……。飾り棚には、頻繁に使うモノや返すモノを。時計を見るたびに目に入るので忘れません。

全出し清掃でキッチンをスリムに

上／全出し清掃では、まずモノをどんどん出していきます。数が少ないので、かかる時間は5分ほど。出しながら、モノの動きをチェック。下／全部出したあと。中を拭き上げ、新しい使用頻度に合わせて、モノを戻し入れます。

暮らしを見つめたいときや心がざわついたとき、私はキッチンのモノを全部出して掃除します。

掃除がてら、モノをひとつひとつ見直すと、少し前の私が使うモノとして残したモノも、案外使っていないことに気づきます。自分なりに「絶対使う！」と信じていたことが、結果として間違っていたのです。また、「ここがベストポジション」と収納したモノが、別の場所に置かれている場合も。つまり、「別の場所」がベストポジションだったのです。全出し清掃でモノを見直しながら、「本当に正しいの？　間違っているんじゃないの？　もっといい置き方、やり方があるかもよ？」と自分を振り返る「自分会議」を行ないます。

収納もそうですが、考えや行動も一度決めたらOKというわけではなく、ときどき「自分会議」を行ないます。たとえばミニマリストという生き方。一度ミニマリストと公言したからといって、「一生白いシャツで生きていきます！」と妄信してしまっては人生に色がありません。「無理してない？」「自己満足じゃない？」と自分にとって耳が痛い質問を投げかけます。**欠点から目をそらすのではなく、欠点を飲み込んで決断を下す。全出し清掃で「自分会議」をすることは、「よし、それでいこう」と腹を決める儀式**のようなものです。

また、全出し清掃では「コレ、動いていないな」というモノも見つかり、「捨て」の対象になります。我が家のモノが少ない理由は、この全出し清掃がけっこう大きい。

不要品を手放せ、部屋がキレイになって、片づけやすくなる。全出し清掃で自分に目を向けることは、家はもちろん、心のキレイを保つことにもつながります。

しまって「終える」

モノは定位置に戻し、家事の片をつけます。出ていると「やらねば」と焦りに。

右／シンク上の吊り戸棚。手に取りやすい下段に塩と砂糖を。シンク上にモノがないと、拭き掃除があっという間。左／コンロ下には、炊飯器をしまう場所を確保しています。ここに収まっていれば、「今は調理をしなくてよい」という証。やかんも洗剤も、使うたびに出し入れ。

分けて「見つかる」

小さなモノほど交ざると探しづらいので、ケースで分けて、指定席制に。

調理台下の引き出し。カトラリーや輪ゴムをケースに入れ分けています。見つけやすく、取り出すのもスムーズ。夫がよく使う計量スプーンは、手前にわかりやすく並べて。

まとめて「わかる」

モノは固めて置いて、「いつもこのへんにある」という家族の期待に応えます。

冷蔵庫のドアポケット。調味料や飲料水は、左側に寄せて収納しています。探す範囲が限定され、モノを見つけるのがスピーディー。買い物前の在庫チェックもラクラク。

もともとあった扉を外し、「見える化」したキッチン。奥に死蔵品を作らず、定期清掃がしやすくなりました。シンク下にゴミ箱が収まったことで、毎日の床掃除がスムーズに。

「いつもキレイ」に惑わされない

家が散らかっているときは、「私、こんなに頑張っている！」と自分を褒めるようにしています。おかしな話ですが、片づけと集中力にはこんな因果関係があるからです。

引っ越し先は親族が残していったモノが溢れ、カビや汚れを手入れしなければ住めないシックハウスでした。片づけ、掃除、メンテナンス……と目の前の物事をこなすのに精一杯で、家の中は「いつもキレイ」とは言えず、むしろ「今は散らかれ！」という状態。そこで、「ここからここまでの期間、私は○○に集中。それまでは部屋が散らかってもいい！ドンドン散らかれ！」と自分を許すことにしたのです。

何かに集中すれば、何かが疎かになる。それはとても正常なこと。散らかった部屋を見て落ち込むより、「今、私は片づけに手が届かないくらい頑張っているんだ！」と自分の頑張りを認めてあげます。「いつも家をキレイにしなければ……」という呪縛に囚われていると、あれもこれもと欲張り過ぎて、今、やらなければならないことに集中できず、ストレスが溜まるばかり。少し肩の力を抜いて、できないことより、できたことを数える。常に全力ではいつか電池が切れてしまいます。

また、「理由はなんだかわからないけれど、片づける気力が湧かない……」。そんな日もあります。ストレスや悩みごとを抱えると、そちらへ頭と心が集中してしまって、うまく片づけられません。体は疲れていなくても、心が疲れていると頭が回らなくなります。

子どもたちの部屋も、「いつもキレイ」ではありません。散らかり方を見ていると、子どもたちの気持ちの変化が表れていることに気づきます。書いた絵が散らかっている日は元気のないとき、ふだん読まない本が出しっぱなしになっている日は何かに悩んでいるとき……。散らかり方の中にその日の出来事と呼べるヒントがちりばめられているのです。「いつもキレイ」では、こういうサインを見つけることができません。むしろ、散らかっていてくれたほうがよい場合もあるのです。

雑誌に載っている片づけ上手さんの「いつもキレイ」は、理想であって憧れ。でも、現実で目指すべきは「いつもキレイ」ではなく「キレイじゃないときもあってOK」。

私にとって、部屋は自分や家族の状態を知る合わせ鏡のようなもの。人も部屋も、日によって変化するのは当たり前のことなのです。

PART3

家事の整理

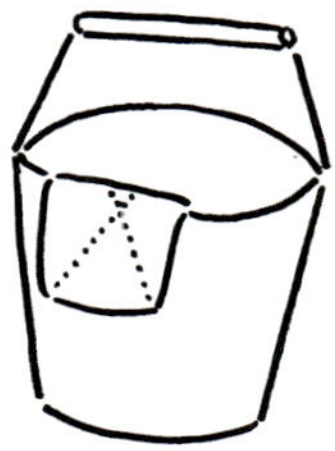

毎日続く家事ですが、
これがないと私は心の平穏を保てません。
毎朝の掃除でコンディションを確認し、
1日のあり方を決める。
心と体の大事なバロメーターなのです。
とはいえ、得手・不得手はあり、私は料理が苦手。
しかし、苦手を好きに変える工夫で、
小さな前進を続けています。

暮らしで変わる家事

「朝は4足、昼は2足、夜は3足。この生き物、なぁーんだ?」。ギリシャ神話にある有名な謎々の答えは、人間。赤ん坊の頃は4つん這い、やがて2本足で歩くようになりますが、老いると杖をつくので3本になるというわけです。

人も歳を重ねれば歩き方が変わるように、暮らしも変わります。我が家も最初は1人、次は2人、気がつけば4人で、今は6人。独身時代は洗濯も3日に一度ですんだものが、今では1日2~3回洗濯機を回します。

引っ越した家は古い一軒家で湿気が多く、以前は週1回程度だった布団干しも、今は晴れた日には欠かさず行なっています。さらには、毎朝のカビチェックに雨の日の布団乾燥機……。これまで強く意識しなかった湿気対策が、新しい家事として加わりました。家族4人分の布団を部屋から庭に運んで干し、取り込む作業は大変ですが、夜眠るとき、お日様のにおいが残るフカフカの布団に横になるのは至福のひとときで、家事のご褒美をもらった気がします。

新しい暮らしで変わったことは、ほかにもあります。夫と家事の役割分担をしたのです。先住の親族が残した大量の荷物の片づけと、私たちが住むことになる家の掃除。それに加えて、夫の祖父が住んでいた小さな家と倉庫の整理。我が家は自分が得意なことを引き受けるのがルールなので、片づけと掃除の担当は私。しかし、これだけの規模の片づけと掃除を、家事と育児をこなしながら全部背負うのはとても無理です。そこで、料理が得意な夫へ食事作りを全権委任。夫も「君は得意なことを発揮すればいいし、僕は僕のできるこ

上／新居では、カビ対策という家事が加わりました。洗剤も増え、現在は「セナバリア」をお試し中。キッチンもIHに変わったことで、専用の洗剤を用意。下／晴れた日は必ず、布団を干します。干す頻度は高まりましたが、フカフカの布団に眠る楽しみも増えました。

卵で包まず、ケチャップライスの上にふわっとのせる。それが夫のオムライスです。若い頃、飲食店でバイトした経験を持つ夫は、新しい料理の試作にも積極的。

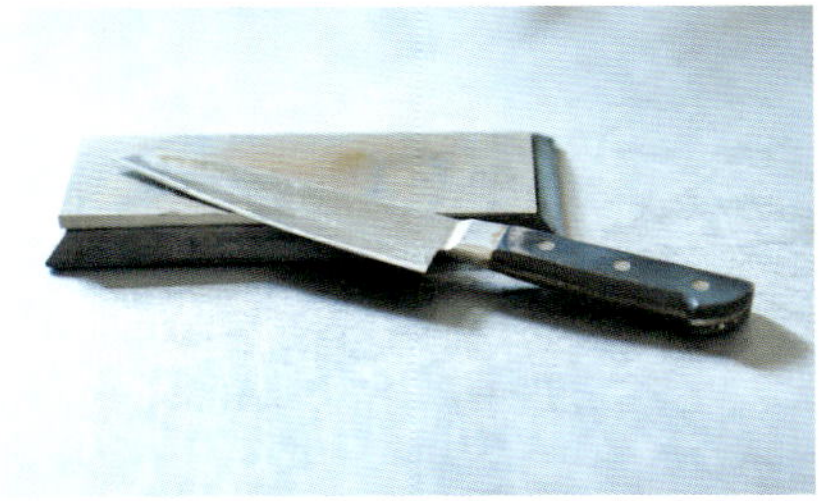

包丁は2本持ち、写真は夫が長年愛用しているもの。砥石で頻繁に研ぐため、刃の厚みが半分になってしまいました。私はステンレス製を使用。

とをするよ」と協力してくれました。

夫は、これまでも週末に得意料理をふるまってくれていたのですが、毎日料理を作るのははじめて。料理が好きな夫も、「ときどき作るのと毎日作るのと、全然違うねぇ……。主婦業って毎日かぁ……。毎日の献立を考えるだけでも大変なのに、予算内に収めて作り、家族の健康を考える。当たり前のことだけど、そういうものほど難しいね。自分でやってみてはじめてわかったよ」。

新しい暮らしを始めるというきっかけがなければ、私は夫に料理をお願いすることはなかったと思います。「定年退職後は、あなたが料理、私が掃除と洗濯と、家事を分担して暮らそうね」と話していたことが、20年早まりました。私たち、そして祖父の家の片づけと掃除が終われば、夫が仕事をし、私が家事をするという、元の役割分担へと戻ります。でもこの先、私が新しく仕事を始めることになれば、また夫と相談です。

暮らしが変わることは、夫婦間の役割を変えるチャンスとも言えます。ルールはシンプルに「できることをする」。ふだんの生活の中で、小さくてもいいので言葉のキャッチボールのように、自分のできることを受けて、相手のできることを投げる。お互いにボールを交わし合うことで、我が家は「史上最大級の片づけ」という人生のピンチを乗り越えることができました。

そして、いつか振り返ったときに、「あの大変だった時期に、夫が家事をひとつ引き受けてくれた」と思えることは、これからの私の家事の支えになるような気がしています。

シングルタスクでいいじゃない

子どもの頃、私の夢のひとつは、家庭を持つことでした。

大人になって夢が叶い、結婚、出産、子育てと進むうちに、主婦業の大変さと自分の能力のなさに落ち込みました。私たちの仕事は、料理の下ごしらえをしながら子どもの勉強を見たり、仕事をしながら家族の心配をしたり……と複数の処理を並行して行なうマルチタスクです。ましてや我が家は転勤族で、地域に頼れる親族や知人が少ない環境。いつも「どうしてうまく回らないんだろう?」と悩んでいました。

あるとき「うまくやろうとするから、うまくいかないのでは?」と気づき、なんでもうまくするのではなく、自分の得意なことや好きなことを「よりうまくしよう」と考えるようになりました。

それまでは、ほかの主婦の方が作った料理を見るたびに「こんなに上手に作れないよ……」とへこんでいましたが、「料理は苦手だけど、片づけや掃除は得意。集まりが必要なときは、いつでも家を提供します!」と家に人を招いたときは、自分の役割を果たせたようで、大きな自信へとつながりました。

料理・掃除・片づけ・家計管理・子育て・周囲とのコミュニケーション……。「あれもこれもうまくいかない」と自信のない自分でいるより、「これはできないけれど、これはできるよ!」と何かひとつでもいいので自信を持つ。「やって当たり前」「できて当然」というプレッシャーを手放したことで、主婦業という重荷が背中に羽が生えたように軽いものへと変わりました。

家事のタイムテーブル

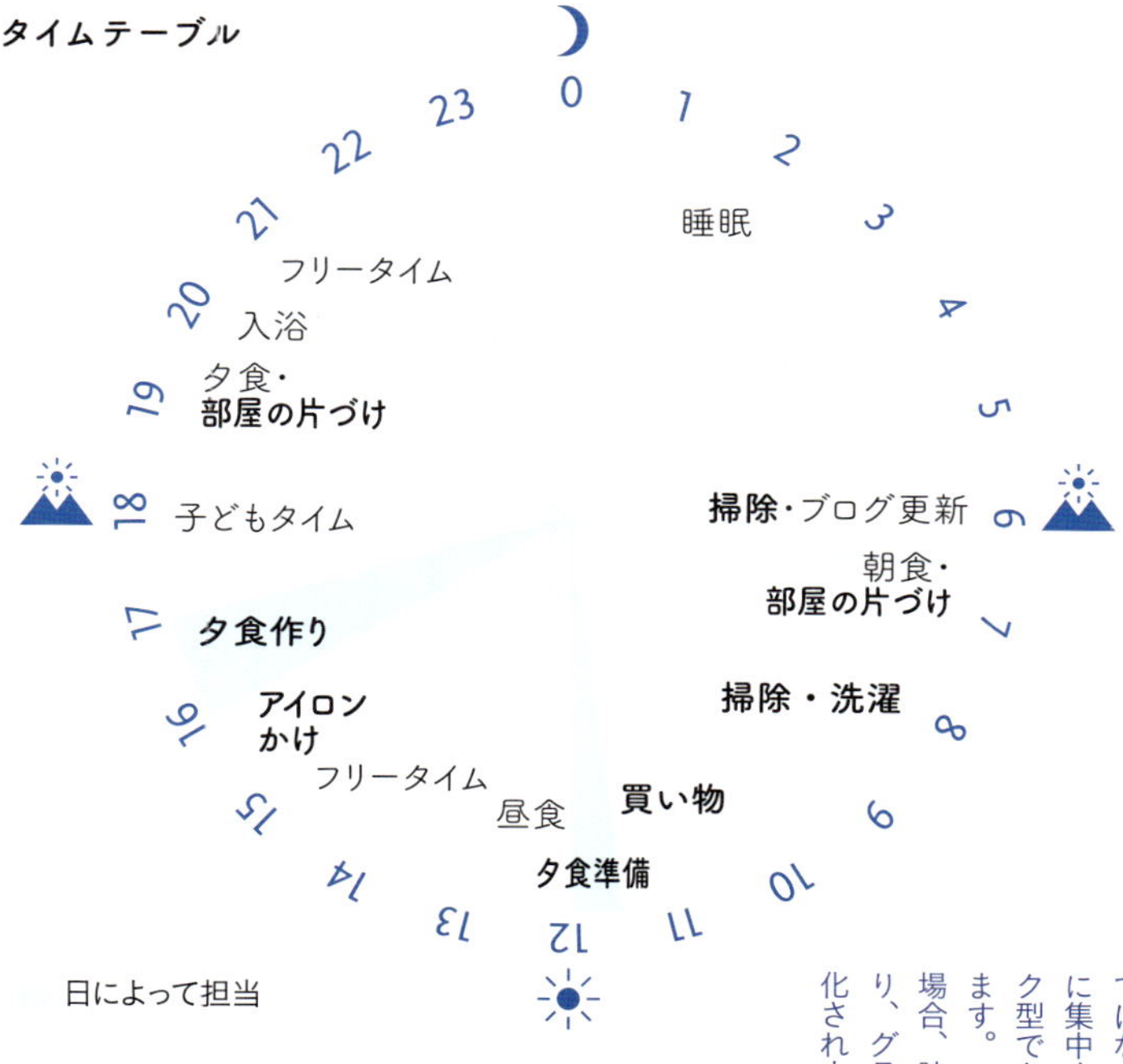

家事に割くのは大体1時間単位。「あれもこれも」ではなく、「これひとつ」に集中するシングルタスク型であることがわかります。マルチタスク型の場合、時間は分刻みになり、グラフはもっと細分化されます。

できないことはできない。そう言ってしまえることで、できないことをできるフリをするのをやめたこと。どこか他人にも自分にも嘘をついていたことが、私の「あれもこれもうまくいかない」原因でした。

いろいろなことを同時進行で行なうマルチタスク型から、ひとつのことに集中するシングルタスク型へ。20世紀のモダニズム建築家の巨匠、ルートヴィヒ・ミース・ファン・デル・ローエは、「Less is more」、つまりシンプルに明確にすることが、よりよいデザインを生むという考えを持っていました。

私は料理が苦手で、掃除と洗濯が得意。誰にでも得手・不得手はあると思いますが、その中から**ひとつをシンプルに抜き出すことで、自分のスタンスや家族のあり方がはっきりとし、よりよい暮らしのデザインを描くことができる**のです。

CLEAN UP

掃除のこだわり

掃除は毎朝行ないます。
汚れの程度が軽く、
大がかりにならないので、
道具は最小限でＯＫ。
ほうきと雑巾の静かな掃除です。

私の掃除は朝の5時に始まります。音が立たないほうきは、家族の睡眠の邪魔をすることなく、家事を進められます。ほうきでひと掃きするたびに、心がだんだん穏やかに。

基本は水拭き

床や棚の汚れは、モップや雑巾で水拭きします。汚れのひどさは時間に比例するので、毎日拭いていれば水でラクに落とせます。水で落ちない油汚れや水垢のみ洗剤を使用。

ほうきは万能

ハンディモップや毛ばたきは持っていません。ほうきで、棚や桟、カーテンレールなどのほこりを払い、床のチリやゴミと一緒に掃き取ります。

汚れは先手必勝

放置するとやっかいな水滴は、毎日の入浴後に拭き取ります。使用済みのタオルを使えば、わざわざ雑巾を取りに行く手間が不要。早期発見、早期手当てがコツです。

WASHING

洗濯のこだわり

目に見えて成果が出る洗濯は、
好きな家事のひとつ。
ハンガー収納の実現で
たたむ手間が減り、
時短につながりました。

洗面台を新調し、DIYで棚を設置しました。中央の引き出しケースには、家族のインナーや靴下を収納し、上から主人、私、息子、娘の順。戻すのが一箇所ですみます。

柔軟剤やめました

上／新しい家に来て、コットンやリネンの生地で服を手作りするようになりました。天然繊維の服は、パリッと着るのが心地よく、柔軟剤はなしに。左／においが残りやすい靴下やインナーは、石けんで香りづけを。ストックの石けんを箱から出して、間に差し込みます。

たたむのは3つだけ

服は、洗濯用と収納用のハンガーをそろえ、乾いたらそのままクローゼットへ。たたむのは、洗濯ピンチに吊るしたタオル、下着、靴下のみ。

目立つところに白物

色でゾーン分けして干すことで、見た目にすっきりとします。人目につく場所にはタオルやシーツなどの白物、人目につきにくい場所には色物を。

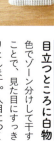

家事は時間で「好き」になる

上・下／買い物から帰宅したお昼前。苦手な料理も、余裕のある時間帯に行なうことで、「好き」に変えることができます。下ごしらえをし、コトコトと煮る肉じゃがは、心の栄養剤にも。

私は洋服にアイロンをかけることが、とても好きです。しかし好きなアイロンかけも、夕方5時には憂鬱なものに変わります。その理由を考えてみたところ、夕食の準備や洗濯物の取り込み、子どもの用事などで、夕方を慌ただしく過ごすのが嫌いなことに気づきました。

できれば5時にはゆったりとした気持ちで、ニュースを見ながら子どもたちと他愛のない話をしたい。毎日を駆け込むように終わらせるのではなく、日が沈むわずかな時間をぼんやりと過ごし、1日の終わりを噛みしめたい……。

だから、アイロンかけは、子どもたちが帰宅する2時間前の午後3時にしています。洋服のしわをひとつひとつ伸ばしていると、もうすぐ終わるひとりだけの時間が手の中にあるように感じられます。私にとってアイロンかけは、「ひとりの時間が終わる。それを終わりまで味わっている」ことを実感できるものです。

私の場合、家事の好き嫌いは、作業そのものではなく時間。もう少し掘り下げれば曜日もあるでしょう。私は料理が苦手ですが、作るのが嫌いではなく、「料理を始めるタイミングが嫌い」なのです。夕方のバタバタした雰囲気の中で、時間に追い立てられるように作る料理が嫌い。時間や気持ちにゆとりのある午前中に夕食の下ごしらえをするのは、とても好きです。ふだんは、チャチャッと作る豚の生姜焼きやなすの肉みそ炒めが、私の定番。でも午前中に作るなら、肉じゃがなど少し手の込んだものも楽しく調理できます。

家事は時間で選ぶ。そして、その時間をどんなふうに過ごすかを決めることが大切です。

「ルーチン化」で私らしく

左／ストレスがかかると、モノを買うなどご褒美で相殺しようとしますが、度を超えるとそれがストレスに。生と負のストレスが繰り返され、いつまで経っても0に辿り着けません。右／家事の「ルーチン化」など毎日同じことを繰り返すうちに、少しずつ0に近づき、心の平穏を取り戻せます。

「モノを買い過ぎて困るのですが、やまさんは物欲をどう抑えていますか？」という質問を多く受けます。

私の物欲防止法のひとつに、家事を「ルーチン化」するという方法があります。自分で決めた家事のタイムテーブルに沿って、毎日同じ家事を繰り返すのです。

長期間、仕事なり家事なりを頑張り終えたとき、ストレスから解放されたくてご褒美が欲しくなります。心理学の先生がこんなことを言っていました。「人は嫌なことをストレスだと思うでしょう。しかし、喜びもじつは大きなストレスなんです」。

その言葉に「なるほど！」と思いました。嫌なストレスをよいストレスで相殺したい。マイナス100だった心を0に戻したくて、ご褒美が欲しい。しかし、そのご褒美がプラス100ではなく、プラス150だとしたら、プラス50というストレスを抱えてしまって、それをまた打ち消そうとします。

ストレスは刺激です。刺激になれるともっと強い刺激が欲しくなります。では一体どうすればいいの？　という問いに、私が出した答えは「急に戻ろうとしない、ゆっくり戻ること」でした。心がマイナス100ならば、明日はマイナス99、明後日はマイナス98。一歩一歩0に向かって歩く。すると、確実に0という目標へ辿り着けます。

ゆっくりと0に戻る——。それには、いつもと同じ日常を送る。毎日同じ家事を繰り返す家事の「ルーチン化」が有効です。私が家事をルーチン化するのは、「沈んだ気持ち、浮かれた気持ちを平たんに戻す」ため。そうすることで、私の心は、少しずつ調子を取り

心の戻し方

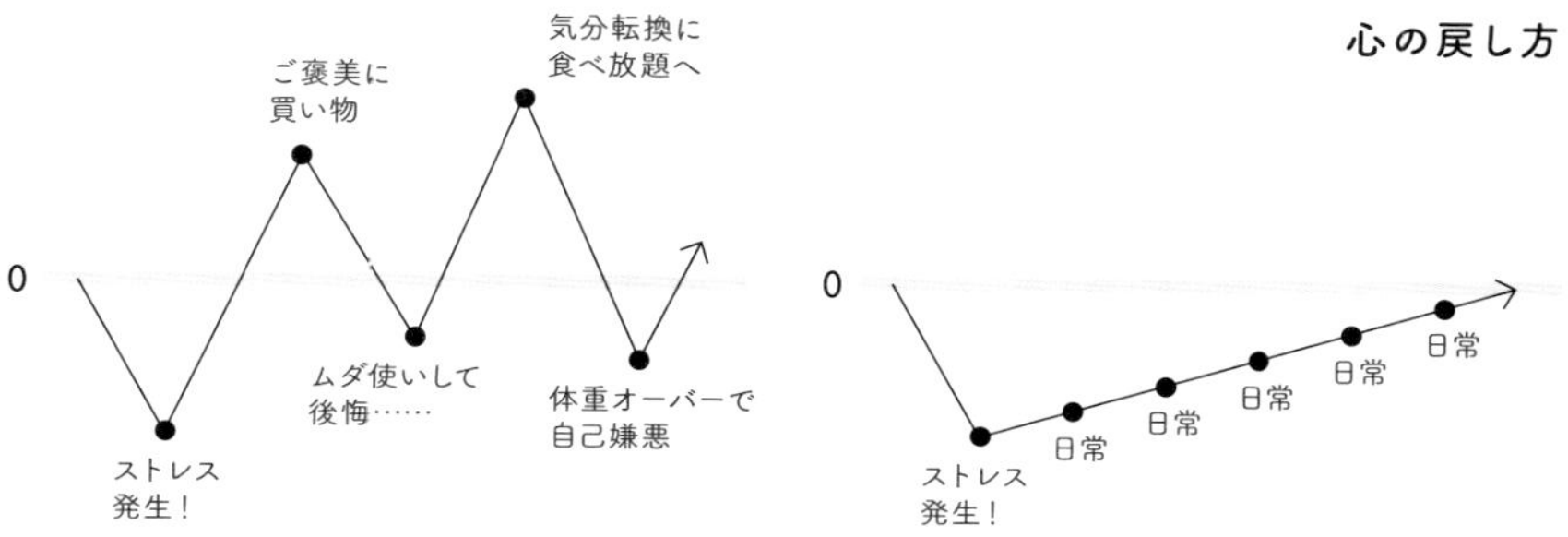

戻していきます。まるで、昔好きだった曲を聞くと、心がタイムスリップするように。体の記憶へと訴えかける効果が、家事を「ルーチン化」するメリットだと断言します。

また、家事の「ルーチン化」は、自分を写す鏡にもなります。「今日はなんだか体が動かない」というときは、無理をしているサイン。**いつも同じ作業、同じ動作をしていると、ささいな変化に気づきやすく、体調の不具合や時間の使い方を見直す目安に**なります。

私は今年、「変わらないこと」という目標を立てました。なぜなら昨年来出版の話をいただいたのは、客観的に見れば素直に嬉しいと言えることでしたが、同時に恐ろしいとも感じていたからです。褒められることも増えましたが、そのことで勘違いをしてしまい、家族を置き去りにしてしまわないだろうか……。

私はどちらかと言うと、人に煽てられれば調子に乗ってすぐ木に登るタイプです。だからこそ、変わらずにいようと思っていました。しかし、今年の春に夫の実家で同居を始めるなど、人は変わらずにはいられないもの。変わることも難しい。けれども、変わらずにいることも同じくらいに難しい。

毎日が晴れではなく、雨が降る日もある。人が天気を選べないように、人生では自分で選べないことがたくさんあります。しかし、**人に選ばされていては、人生のコントロールを失いかねません。そうならないために、せめて自分で選べることは、しっかりと選びたい。家事を「ルーチン化」し、自分を守り、自分を映し出すことで、それは叶います。**

家事の「ルーチン化」は、私が人生で「私らしい選択」をするために必要な仕事なのです。

小さく始め、小さく増やす

「女性は矛盾する生き物。結果は好きだけど、その過程は嫌いなんですよ」。テレビである心理学者の方の発言に、「そうそう！」と声を上げて共感しました。

私は料理が苦手です。でも、でき上がった料理は好き。とくに盛りつけがキレイに仕上がり、「よくできた！」と褒めてあげたくなるときは、料理下手であることを忘れます。

そんな私ですが、家族には栄養のある食事を用意したいと考えています。そこで始めたのが作り置き。毎日おかずをもう一品作るのは手間ですが、週に一度、ほうれん草の胡麻和えを作り、保存する。そこから始めました。新しく家事を増やすとき、小さく始め、小さく変える。

ポイントは、ひとつのことをひとつだけ。とてもシンプルです。過去の失敗の理由は、理想を１００％詰め込んだことでした。「ふだんは作らないでしょ？」という品数を作り、「やだ素敵。やればできるじゃない！」とハイになり、やっぱり無理と諦めてしまう……。

新しいことを始めるときは、ハードルは低く。そして継続。**自分が毎日飛び越えられるハードルの高さをまずは知る。**私は「ほうれん草の胡麻和え」からです。そしてなぜかおいしく作ろうとするとうまくいきません。だから「見たくなる部屋作り」と同じように、「見たくなる料理作り」を心がけています。私には、そういう方向からのアプローチが有効でした。皿に盛ったときの「キレイ！」「よくできた！」という喜びを持つ。

女性は、結果は好き。しかし、過程が嫌い。その嫌いな過程をクリアにすることで、苦手な家事を一歩前に進めることができます。

上・下／週に一度の常備菜作りをスタート。ほうれん草の胡麻和えは、完成品をラップに包んで冷凍保存します。家族の健康を支え、食事の満足度が上がる。私にとっては大きな一歩です。

家事はチームで回す

新しい家のキッチンは、IHクッキングヒーター。調理中の火事の心配がなくなり、安心して家族に料理を任せられるようになりました。

新居へ入居して2カ月後に、私は体調不良でダウンしました。引っ越しの疲れが溜まったのでしょう。1カ月近く寝込んでしまいましたが、その間、夫と子どもたちが協力し、家事を回してくれました。料理は夫と娘、風呂掃除と洗濯物の取り込みは息子。部屋の片づけと掃除もできる範囲でやってくれました。

引っ越してすぐ、食器を立て続けに割るという事件が起きました。夫が割り、子どもたちが割り……。気に入って選んだ食器だったので、その瞬間は悲しく思いましたが、モノはいつか壊れるもの。食器は割れても家族に怪我がなければそれでいいのです。しかし問題は「食器をまた割ってしまった……」自分が手伝うことで、逆に迷惑をかけているんじゃないか？」と家族が落ち込むこと。その様子を見ているのは辛く、夫に相談しました。

「だったら、割れないメラミン食器がいいんじゃない？　俺も食器を落として割るし、そのほうが気軽に食器洗いができて助かるよ」。

そのひと言で、食器を「一時保管箱」（P21）へ入れ、新しくメラミン食器を導入。**メラミン食器は割れにくいため、家族を「また割るんじゃないか」という不安から解放することができました。**また、軽くて扱いやすいので、配膳や後片づけがスムーズに。食器を変えただけで、家事のハードルがぐんと下がったのです。

食器を買い替えるとき、気に入っていた食器を再び買うという選択もあったはずです。しかし家は私ひとりではなく、家族で支えるもの。みんなが扱いやすい食器を選び、家事をしやすくしたことで、一家の危機を乗り越えることができたのです。

食器をメラミン製に変えたことで、家族が食器洗いや後片づけを気軽に手伝えるようになりました。見た目は磁器にはかないませんが、家族の笑顔が我が家のご馳走です。

家事の「欲」を捨てる

私が病気のとき、家族が家事を回してくれました。そう言うと「やまさんのご家族は立派ねぇ、家事もちゃんとされるんでしょ」と思われるかもしれません。

とんでもありません！　よく雑誌に「夫が家事を手伝ってくれるのはいい。でもタオルがグシャグシャで、それならやってくれなくていい」という主婦のつぶやきが載っていますが、まさにそのグシャグシャタオルが我が家の庭に干してあります。

欲を言えば、干すときにしわを伸ばして欲しい。しかし、夫が仕事から帰宅し、疲れた体で干してくれたタオル。タオルは洗濯し、乾いていれば最低限の役割を果たします。汚れたまま、あるいは濡れたままで、体を拭くタオルが1枚もないほうが困るのです。

家事の「できる！」を小さく増やす。それが家族で家事を回すコツです。はじめはグシャグシャなタオルでもＯＫ。「困っているから助けよう」と行動を起こしてくれたことのほうが、何倍も嬉しい。手伝ったのに「あれができていない。これができていない」と言われれば、「そんなふうに言われるならやりたくないよ」とやる気の芽を摘んでしまいます。

「欲を言えばこうして欲しい」はわかります。でもここは、一旦欲は捨てましょう。「あれもこれも」ではなく、ひとつの芽を育てる。私は自分自身に対しても「あれがダメだった」と自分を責めることがあります。でも必ず、よいところをひとつ見つけて褒めてあげます。

完璧を目指すのではなく、まずはやってみて、よい点を褒める。自分にも家族にもそうすることで、小さな「できた！」は育っていきます。

結果、家族間で互いに助け合うことにつながり、家族全体の結束と自信が生まれます。

上／娘に食器洗いを任せると、食器は定位置に戻りません。でも、洗って拭いてしまっていればそれでOK。次に使えればいいのです。下／グシャグシャのまま干したタオルは、「私以外の家族の誰か」が干した証です。私は助かり、それ以上何を望むというのでしょう。

PART 4

育児の整理

今でも「よい母親?」と問われれば、
「そうです!」と言い切る自信はありません。
しかし、子どもたちの人生に
寄り添うことはできているのかな、と思います。
私自身が物事をシンプルに考えられるようになって、
彼らが大事にしているものも、
見えてくるようになりました。

私の子育ての棚卸し、話します。

時間や人生の無駄を削って、大切なことに集中する——。

そんなライフスタイルに心惹かれた理由は、私自身が「あまりいい母親ではなかった」からです。息子が小学生、娘が幼稚園までの私は、感情に任せ、声を荒げ、ときには手を上げたこともありました。

あの頃の私は、親としてしっかりせねばと一生懸命でした。しかし気がつくと、「世間に対して恥ずかしくない子を育てている、立派な私」という周囲の評価に盲目になり、一番大切にしたい家族を大切にできていない、そんな状態でした。地域活動やＰＴＡ行事、小学校や幼稚園のお母さんたちとのつき合い……。転勤族である私たち一家を受け入れてもらうためには、「いいお母さん」でなくてはならないと焦っていたのです。

娘には「自閉症スペクトラム」（社会性や対人関係に困難を抱える障害）という発達障害があり、落ち着きがなく、周囲に迷惑をかける行動やふるまいをしてしまうときがあります。娘の障害の診断が出るまで、娘に対して「どうしてできないの？」と責めたことも……。私自身が発達障害に対して無知であったがゆえに、必要以上に周囲の評価に怯え、私の都合で娘を精神的に苦しめたと思います。

昔、私の亡くなった母が、私がひとり暮らしを始めたときに言いました。「もう取り返しがつかないけれど、お母さん、もう少しあんたたちに優しくできたらよかったねぇ……」。父に代わって一家の家計を支えていた母は、一生懸命働くことが家族の幸せになると信じ、忙しさから私たち子どもについ厳しくしがちだったのです。母なりに、子どもたちが世間に出て苦労しないように、という想いだったのでしょう。私も、子どもたちを叱ったあと、母と同じことを感じていました。優しくしたいのに優しくできない……。ある朝、息子を幼稚園へ送ろうと駐車場へ向かったとき、理由もなく涙がポロポロと出て止まらなくなりました。「ああ、限界なんだな」とそう感じました。

それから、自分に対して少し距離を置き、「何をそんなに背負い過ぎて苦しくなっているのか？」「どうしてそんなに無理をするのか？」と「自分会議」（P60）を始めるようになりました。「自分会議」をすることで、他人の目を気にして「こんなことをしたら笑われるのでは？ 非難されるのでは？」とやりたいことを我慢していたことや、自分の気持ちにもひとつの感情だけではなく、複数の相反する気持ちが同居していることを知り、ゆっくり自分の気持ちを整理し、行動を起こすようにしました。すると、偽りの感情や、他人の意見に振り回されることが減り、自分の決断に自信が持てるようになったのです。

息子が小学2年生になった頃、私は子どもたちに謝りました。「あんまりいいお母さんじゃなかったね。ゴメンね」。謝ることをきっかけに子どもたちと関係を修復しました。母の言葉は胸に刺さったままで、気がつけば私も母と同じ後悔を背負っていました。

しかし、母も私も**「やり方は間違えたかもしれないけれど、そのときできる最善の選択を尽くした」**のです。

その1点において認めることができたとき、母と、そして自分自身を許すことができました。不幸にしたくて不幸にしたわけではなく、幸福にこだわるあまりに日々の幸せを感じられず、見落とし、見失う。

発達障害を抱えた娘は「服を自分で整える」ことができません。学校などでの着替えは、自分でできるようにワンピースを着せています。障害を抱えた女の子が性犯罪に遭う率はけっして低くなく、「世の中にはどんな人がいるかわからないから、変な人に変なことをされないように、服で自分を守ろうね」と、娘にお願いをしています。私がブログを立ち上げたのも、娘と同じように発達障害で片づけが苦手な人や困っている人、そして、私と同じように「できないことが多くて自分のことを好きになれない人」に、「できなくてもいいんだよ」と伝えたいという想いからでした。

母が真摯に後悔の念を伝えてくれなければ、今の私はなかったかもしれません。過去は変えられませんが、現在は変えられる。母の勇気が私を変え、力を与えてくれました。私はまだまだ未熟な母なので、ときどき自分の悪いところを棚上げしたくなります。ときには間違いもあるでしょう。

人は誰しも間違えます。

勇気を出して棚上げした問題を卸し、見つめることが人生を拓きます。**ときが経つと問題は見えなくなるように感じますが、必ず過去と同じ問題にぶつかります。「また同じようなことが起こった！」と問題が見えたときに、「どうせ」「仕方がない」「これが正しい」と考えるのではなく、じっくりと向き合い、見つめることが大切**です。

両親の思い出は私の心の中にあり、モノとしては残っていませんが、娘のアルバムには、祖母に抱かれた写真が大切そうに取ってありました。

親がやってみせて、子にさせてみる

つい先日息子が、夫が作ったまぐろ丼の味つけが合わず、食べるのをやめてパンを食べ始めました。夫が息子に「そういう態度はよくない」と注意したのをきっかけに、「まぐろ丼事件」として家族会議が始まりました。我が家は何か問題があったとき、家族会議を開いてみんなで話し合います。

息子が「お父さんだって、お母さんが料理を作ったときに同じことをしている。自分はよくて、他人は悪い。それは違うんじゃない？」と言いました。まさに正論。それを聞いていた私は笑っていましたが、こういう場面では、我が家は大人から先に謝ります。

「そうだね。確かにお父さんもお前と同じことをしていたと思う。自分がお母さんの立場になってみると悲しい気持ちになるって、よくわかった。でも、やっぱり料理を作ってくれた人に対して、『自分好みの味じゃないから食べない』という態度はよくないよね。お父さんも悪いし、お前も次からそういう態度はやめようね」。

我が家では、そういうやり取りがたくさんあります。子どもを注意したときに「お母さんもよくない態度だった」と指摘されれば認め、「私も悪かった」と謝ります。正直、カチンとくることもあります。しかし、自分の話を相手に聞いて欲しければ、まずは自分が相手の話に真摯に耳を傾ける必要があります。まずは大人がやってみせる。子どもからの指摘を置き去りにして話を進めても、子どもの心の中では「お母さんも悪い！」とそのことばかりが頭をグルグルと駆け巡り、こちらの話は耳に入りません。

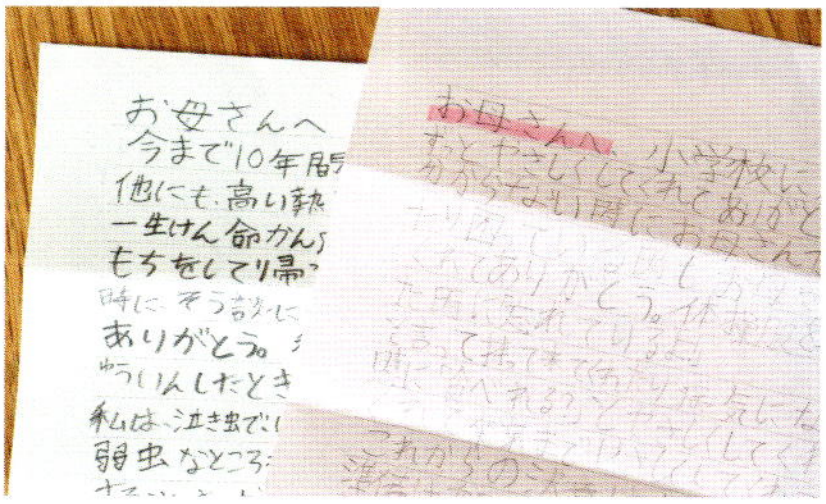

成人の半分の年齢、10歳を迎えた記念に行う「½成人式」。2人の子どもたちが私に宛てた手紙は、唯一残している私の思い出の品。

「やってみせ、言って聞かせて、させてみて、褒めてやらねば、人は動かじ」。

この言葉は戦時中日本の連合艦隊司令長官・山本五十六(やまもといそろく)の名言で、我が家の子育ての基本となっています。

まずは大人が手本を見せ**(やってみせ)**、「なぜなのか?」を話し聞かせます**(言って聞かせて)**。失敗してもいいのですが**(させてみて)**、「人は過ちを犯すものだということが、今回わかったのは成功!」として褒めます**(褒めてやらねば)**。「まぐろ丼事件」では、息子に「将来、恋人や家族にそういう態度を取ってはいけないということが、わかったからいいんだよ」と話しました。

家族会議では、親も子どもも意見を出します。親の意見は親が自分の能力を前提にして話すので、子どもの能力とズレがあると感じています。そのズレを埋めるため、子どもたちに自分の口で「できる・できない」を話してもらいます。子どもの意見なので承認しかねるものもありますが、実行するのは子どもたちなので、本人の決断に委ねます。

「話し合い、耳を傾け、承認し、任せてやらねば、人は育たず」。

「まぐろ丼事件」以外では、「ゲームの使い方で兄妹喧嘩がなぜ起こるのか?」も家族会議で多い議題のひとつです。息子と娘、それぞれが自分にとって都合のいい意見を出しま

この日の家族会議の議題は、「まぐろ丼事件」。「味の感想は、否定から入るのではなく、こうしてくれたら嬉しいと意見を伝える」との結論に。

すが**(話し合い)**、それは受け止め**(耳を傾け、承認し)**、「じゃあ、お互い相手の立場になって考えたらどうだろうか?」と考えさせ、もう一度、子どもが考えた解決策を紙に書き出し、実行させます**(任せてやらねば)**。本人の決断は本人のもの。大人は、ほぼ司会進行係です。それでも妹を叩くなど、度を越えた場合は親として厳しく注意します。

「やっている、姿を感謝で見守って、信頼せねば、人は実らず」。

子どもがまだ幼い頃、家事のお手伝いは「それは手伝ったって言わないよ〜!」というものがありました。食器を洗うと泡がお椀の裏に残っていたり、洗濯物を干すとグシャグシャだったり……。それでも「手伝おう!」と行動を起こしてくれた**(やっている)**そのことだけで、十分ありがたい。結果がどうというよりも、本人に任せることで**(姿を感謝で見守って)**、自分で考え、なぜ間違えたのか、次はどうしたらいいのか……と、本人なりの答えを導き出せればいいと考えています**(信頼せねば)**。

失敗しないよりも、失敗を重ねたほうが人は成長します。私自身も100点満点の母親ではなく、20点、30点の母親でも息子と娘が「お母さんが好き!」と励まし、信じてくれたから、ほんの少しですが、母親として成長することができました。私の親としての先生は子どもたち。私に、「相手に与える尊さ」を教えてくれました。

人は、相手を信じることで大きな力が生まれ、成長するのです。

18歳独立論

我が家は、子どもが小学生の頃から「高校を卒業したら家を出ようね」と話しています。その理由は、人の死はいつ訪れるかわからないから。親子は順番でいえば親が先ですが、私とそう歳の変わらない身近な人たちが、30〜40代の早い年齢で旅立っていきました。万が一私や夫の身に何かあっても、死後に親が子どもの力になってやることはできません。残された子どもたちが、自分自身で生きる力をつけていかなければならないのです。

お互い生きている時間を共有できるうちに、教えることや伝えることなど、今できることをすべてしたい。18歳になれば、社会的に自立ができます。社会へ出れば「自分には生きる力がどの程度あるのか？」という力試しになります。

私は18歳で就職し、20歳で家を出ましたが、家探しから入居の手続きまで、すべて自分でやり切ったことで、自信がつきました。「お前には絶対無理だ」と言いながらも反対はせず、信じて見守ってくれた親には感謝です。「自分の城を持ったのだから、頑張んなさいよ。応援しているからね」と社会人として認められたときは、とても嬉しかったです。

かわいい子には旅をさせよ。家事を家族で回し、役割を持ち、いつかくる自立へ向けてのトレーニングです。自分で最初から最後まで計画を立て、実行する。旅行でも、家探しでも、新しい習い事でも、すべてが旅です。私自身も子育てが終わるとき、子どもたちから自立します。親も子も互いの関係性から一歩踏み出すのです。

息子が今中学2年生ですから、あと少しで18歳。正直寂しくも思います。しかし、大人として成熟した彼らと新しいつき合いが生まれる……。それが楽しみで仕方ありません。

娘の表現手段は絵。時間があればアニメのキャラクターや身近なモノを描いています。ひとつでも得意なものがあれば、生きていく武器になります。

息子は、将来ゲームやアプリケーションの開発などの仕事に携わりたいと考えているようで、月2回、プログラミングの教室に通っています。

家で稼ぐ

5000円を超えるお金を子どもに渡すとき、「このお金は大人が1日働いてやっともらえるお金だよ」と話します。

そう言ったところで、子どもたちは「ふ〜ん」という感じです。子どもたちのひと月のお小遣いは、中2の息子が2000円、小6の娘が1000円。大きなお金を渡すのはクリスマス、お正月、誕生日のみ。それ以外にお金が必要なときは、お手伝いをして稼いでもらいます。食器洗いが100円、晩ご飯の調理が100円。基本的に一律100円です。

ゲーム機「WiiU」が発売されたときの価格が33000円。息子が自分でお金を貯めて買いました。大きな目標を達成することで、お金の使い方の自信がつきます。そして、苦労して手に入れたものは、より大切に扱い、思い入れが生まれます。

息子が自分の力で買ったモノは息子のモノ。ゲーム機をどう使うかは息子の自由にしていますが、電気代は親の金で所有者が違うため、ゲームで使う電気は1日1時間と決めています。ただし、「ゲーム機を妹に使わせるかどうか？」は息子が決めること。娘が「お兄ちゃんが使わせてくれない！」と言ってきても口出しはしません。

自分の欲しいモノは、自分で手に入れる。ときには、「私がお金を出して買ってあげれば子どもは喜ぶよね……」と心が揺れることもあります。しかし人に買ってもらったり、人からお金を借りることに慣れると、大人になって借金癖がつきます。お小遣い以上のモノが欲しいときは、働いて稼ぐ。**自分の時間を対価として差し出す。決められた範囲で、自分で手に入れたモノを使う感覚は、子どものときに養う。**それが我が家の方針です。

息子は12歳で、お小遣い、お年玉、クリスマス、誕生日、そして家での稼ぎを貯め、「Wii U」を購入。お手伝いのメインは、洗濯や食器洗い。

キッチンのカレンダーには、娘の稼ぎが記されています。この月は私が忙しかったため、合計で1500円にも。娘はカメラを買う予定。

「何もしない」という愛情

彫刻刀で好きな恐竜を彫る、消しゴムはんこ。工作好きの娘はあれこれとチャレンジしますが、失敗もたくさん。それでも黙って見守ります。

私が19歳の頃、友人がこう言いました。「私の会社の上司は優しいよ。何もしない。だからとても優しい」。その言葉を聞いたときは、ピンときませんでした。「何もしないのに優しい……どうして?」。しかし自分が親となり、子どもに手本を見せる立場になってはじめて、言葉の意味がわかりました。

娘が小さい頃、料理を手伝おうとしたのですが、包丁を持つ手があまりに危なっかしく、「ああ! もういい。お母さんがやるから貸して〜!」と包丁を取り上げてしまいました。子どもが失敗するかもしれないと先回りし、つい口や手を出してしまったのです。

また、息子が小学2年生のとき、「お母さん、これ開けて」と缶詰を差し出しました。私が「自分で開けられるでしょ?」と尋ねると、「だって缶切りの使い方わからないよ。いつもお母さんがやっているし、どう使っていいかもわからない」と言われ、愕然としました。

大人がやったほうが早いし、効率がいい。それはそう。しかし、ゆっくり見守って根気よく教えることを、今まで私はやってこなかったのだと、缶切りを握り締めながら後悔しました。**私がよかれと思ってやっていたことが、子どもの学ぶ機会を奪っていた**のです。

何もせずに見守る。これがなかなか難しい。大人が知っている正解を教えたくなります。子どもに大変な思いをして欲しくない。それが親心でしょう。しかし自分を振り返ると、厳しく辛い経験は、生きるうえで大きく役に立ちました。痛かったからこそ、忘れない。

手を出さないことは、相手を信じること。待つことの大切さを私は子どもから教わったのです。

叱るときは小さな声で

子どもを叱るとき、つい「コラ!」と大きな声を上げてしまいがち。

私もそうです。うっかりすると、注意しているつもりが、大声で子どもを威圧していることがあります。そうした場合、私の伝えたいことはひとつも伝わらず、ただ「お母さんが怖かった」という記憶が残るだけ。子どもに「自分の言いなりにならないのなら、大きな声で脅して言うことをきかせればいい」という非言語の圧力を与え、間違ったメッセージを発信してしまいます。

息子が幼い頃、こんなことがありました。スーパーで未精算のモノを開封したので、その場で「コラ! ダメでしょ!」と注意したのです。すると、その声に驚いた息子がパニックを起こし、大きな声で泣き叫びました。息子に「そういうことはしてはいけない」と話して聞かせたい。けれども、刺さるような周囲の視線と、息子につられて泣き出す娘を前にし、私もパニックに。そんな状態で息子を注意してもうまくいくはずがなく、息子が「お母さん、ごめんなさい」と言っても、それはきっと私の顔が怖かったからで、反省しているからではないでしょう。子どもに「反省しなさい!」と言って怒鳴る私こそが、反省しなければなりませんでした。

子どもが興奮して大声を出し、こちらも自制心を失うほど怒りの感情に呑まれそうなときは、「ごめんね、今、話すとお母さん怒鳴ってしまいそうだから、しばらく隣の部屋にいてくれる?」と距離を取ります。時間と距離を置くことで、互いにクールダウンし、落ち着いてから話すのです。

私が自分を自制するためにやっているポイントは、ゆっくり話すこと。そして、小さな声で話す。まずはこの2つです。ゆっくり話そうとすることで、声にブレーキがかかり、感情を制御できます。すると、頭の中ではグラグラ怒っていても、「おおお……私怒ってる〜！」と感じられ、冷静な自分がいることを確認できるので、安心します。

人は、怒りの感情に呑まれると、感情を吐き出したくなるのか、早口になります。それも大きな声で。ドラマなどを見ても、怒りの感情を表現するときは、決まって早口で大声です。それだけで、顔を見なくても怒っているとわかります。しかし話の内容は、ほぼ入ってきません。

大きな声は耳をふさぎたくなりますが、小さな声は「え？　なんて言ってるの？　もう1回言って」と耳を近づけて聞こうとします。大きな声で「なんべん言ったらわかるの！」と言うより、小さな声で話すほうが、生理的に受け入れやすく、人は聞けるのです。

大きな声で早口でしゃべるとき、私は少なからずパニック状態です。相手を諭す前に、まずは自分を安心させる必要があります。だから、子どもを叱るときは、自分の声に耳を傾けることから始めます。

大きな声は耳をふさぎ、小さな声は耳を澄ます。早い口調は人を興奮させ、緩やかな口調は人を安心させる。

これは私が子育ての失敗の中から学んだことですが、母としてまだまだ未熟な私の、大切な心のブレーキになっています。

「底つき」のススメ

「底つき」とは聞き慣れない言葉ですが、我が家の子育てには欠かせないキーワードです。「底つき」＝「自分ではどうにもできない」「お手上げだ。助けて下さい！」という絶望に近い感情を表しています。

子どもは、丁寧に言って聞かせればわかる場合と、そうでない場合があります。そうでない場合が起きたとき、親はどうすればいいでしょう？　私の場合は「よーし、わかった！失敗しろ〜！」「痛い目を見てこい！」と言って送り出し、見守ります。言って諭し、それでも本人が行動を起こすなら、結果は自分で受け止めるしかありません。

たとえば、子どもに「歯をちゃんと磨かないと虫歯になるよ。虫歯になったら痛いし、ご飯が食べられなくなるよ」と何度注意しても、歯磨きをおざなりにすることがあります。しかし、親の忠告を無視し、自分の意志で「いい加減」を続けていると、本当に虫歯になり、痛みが走ります。そのときはじめて、子どもは「お母さんの言っていたことは本当だったな」と腑に落ちます。**「やめさせたいこと」をやめてくれないとき、逆にやらせたほうがやめる効果が高い場合がある**のです。

もともと「底つき」という言葉は、薬物などの依存症の治療によく使われる言葉です。家族が本人を助けよう、助けようとすると、症状がより悪化し、治療が難しくなるそうです。この場合、本人の意志が不在なわけです。病気の治療は患者本人が「治療しよう」と決意し、初めてスタートラインに立ちます。その決意を促すために、本人に「もうダメだ。誰か助けて欲しい」と感じさせることで、積極的に治療へ参加するようになるといいます。

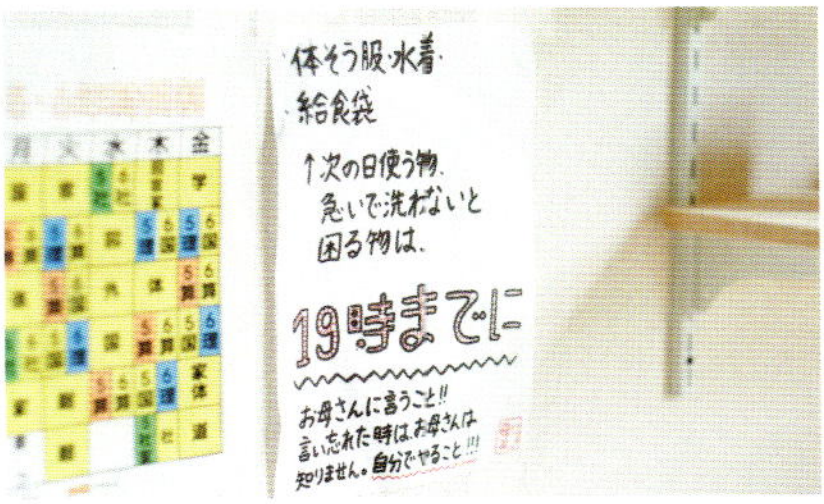

翌日までに洗濯が必要な体操服などは、19時までに申告する約束に。出しそびれた場合は、朝になって自分で洗い、湿ったまま持って行くことも。

このことは、子育てにも通じるように思います。親と子は違う人間で、話しても互いをわかり合えない場合もあります。親子関係で何か行き詰まりを感じたときは、神学者ラインホルド・ニーバーの「ニーバーの祈り」を思い出します。

「変えられるものを変える勇気を。変えられないものを受け入れる謙虚さを。そしてその2つを見極める知恵を」。

この言葉はアルコール依存症などの回復プログラムによく使われますが、もともとは欧米の教会などで、口伝いに受け継がれたものだそうです。

子育ても片づけも同じで、子ども部屋は本来、子ども自身が片づけるべきものです。それは子どもの問題で、私の問題ではありません。私自身の問題は私が変えることができます。しかし、子ども自身の問題は子どもが乗り越えねばなりません。

子どもの問題を親が肩代わりしていると、子どもはいつまで経っても成長しません。「お母さん、缶詰開けて！」と、自分で缶詰を開けられない子どもに育つのです。子どもが部屋の整理整頓をしなくて困るのは子ども自身。とことん困ればいいのです。困りに困って、「部屋を片づけないことで、こんなに困るんだなぁ」と知ったとき、人ははじめて「変わりたい！」と思うのです。

子どもの問題を取り上げず、本人へ返す。そして行き詰まったときに、子どもは目が覚めます。我が家では子どもを「変えたい！」と思うとき、子ども自身が「底つき」を体験することを一番の解決策としています。

批判する人ほど声が大きい

子育てをしていると、ときに噂話が耳に入ってきます。たとえば「隣のクラスのAさんは、給食費を払っていないらしい」や「Bさんは子どもをネグレクトしてるっぽい」など。よく聞かれる「みんな私と同じことを言っていた」というフレーズも、100人中100人が同じ意見の場合に、はじめてそうといえます。しかし現実的に考えるとそれはあり得ないでしょうから、その人の嘘のほころびが見えてきます。私たちの身近にある噂話は、批判と非難が入り混じったものが多いのです。

昔、テレビのワイドショーを見ていたときに、「この俳優って嘘くさいよね」「このタレントさん、すぐ消えそう」と毒づく自分に気がつき、悪口しか言っていないことにショックを受けました。他人を批判することで、私は「この人より賢い」「この人より偉い」と間違った方向で自己肯定をするところでした。自分に自信が持てないとき、自信が欲しくなります。しかし、誰かを蹴落として自分を持ち上げても、それは自らを貶めるだけです。

私も、以前は嫌われることや批判されることが怖かったです。私の知人にこんなことがありました。学校の保護者の間で、知人が虐待しているらしいという噂が広がったのです。子どもの顔にあざがあったからですが、それは道で転んでできたものでした。知人は私と同じ、周囲に知り合いの少ない転勤族。真相を話しても「でも、あの人やってそう」と聞いてはもらえず、ますます心を閉ざし、他人との距離を広げてしまいました。

しかし、別の友人が発した「話の下手なやつは口を開くな……それって悲しいじゃないか」との言葉が、私の感情を大きく揺さぶりました。そうだよね、悲しいことだよね。他人の評価に怯えて、少し殻にこもった私の心を「それは悲しいこと」と優しくも強く打ち破りました。誰かのことを、批判や非難してばかりは悲しい。そして、その批判や非難の槍を投げられる人も悲しい。

批判する人を観察してみると、批判はしても解決策を出す人はあまりいません。そして、「こうすればいいのに」と解決策らしきことを提示する人も、「では、あなたは実行できますか？」との問いには、「自分はできない」と答えを返すことが多いように思います。

自分のできないことを要求しながら、その期待に応えなければ批判する。批判することは行動を起こすよりも簡単なのです。怒りや何かしらのストレスを感じるとき、人は大きな声を出します。それは批判も同じことではないでしょうか？　大きな声を出して気持ちを吐き出したい。間違ったやり方かもしれないけれど、そうすることで自分を救いたいのかもしれません。

批判する人って、じつは怖くない――。そのことに気づいてから、私の周囲へのコミュニケーションが大幅に変わりました。「こんなこと言ったら笑われるかな？」「バカにされるかな？」と口ごもっていた言葉を素直に出すようになり、心がとても軽くなりました。

批判には、どこか怒りのようなものを感じます。一方で、先に挙げた友人の言葉には、悲しみに寄り添う共感や優しさがありました。誰かに批判や非難を受けたとき、私もとっさに怒りの感情が湧き上がることがあります。そんなとき私は、友人の「それって悲しいじゃないか」という言葉を思い出すようにしています。

COLUMN 2

シンプル思考な 本選び

専門家の話を家で繰り返し読める本は
ミニマムなアイテム。
読めば頭がすっきりする、
オススメの本8冊をご紹介。

グルグルと考え過ぎるときに

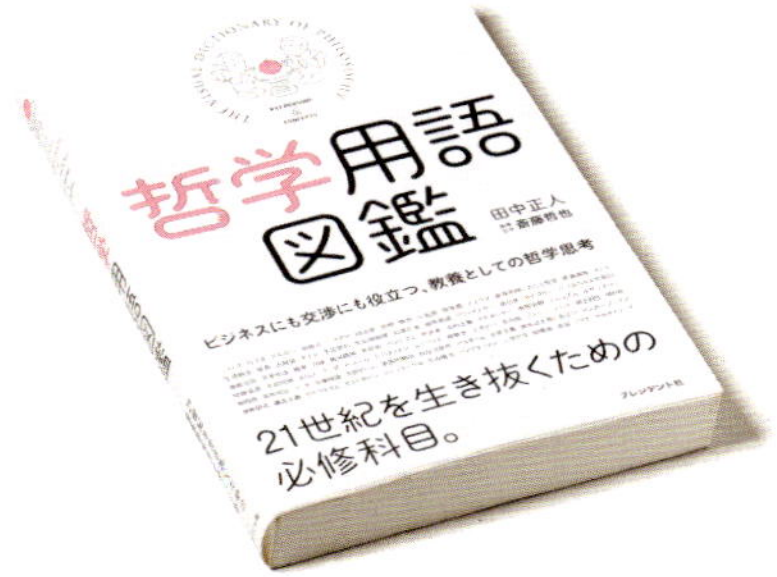

カントやニーチェなど哲学者70人の有名な言葉を集めた哲学の手引き書。時代背景によって価値観が変わるということを、物語を読むように楽しめます。図鑑なので、どのページから読んでもOK。ビジネスにも活用できます。／『哲学用語図鑑』（プレジデント社）

子どもにお金を渡す前に

家族に対するお金の使い方について、家族問題に取り組む臨床心理士が、豊富な事例と共に紹介しています。お金の使い方次第で、家族は幸福にも不幸にもなるもの。子どもに、安易にモノを買っていいのかしら？　と悩むときに。／『家族のゆくえは金しだい』（春秋社）

私の子育てのバイブル

コーチングの第一人者による人材育成術。昔話のウサギとカメを題材に、レースで負けたウサギの能力を引き出すコツが書かれています。コーチとウサギの距離感には、子どもとの接し方のヒントが。人を育てる立場の人に。／『もしもウサギにコーチがいたら』（大和書房）

ママ友とのつき合いに悩んだら

ネット検索や選挙結果の予測の元になる、いわゆる「集合知」を考える入門書。ひとりの専門家や権力者の意見より、集団の多様な意見のほうが、世の中をよくすると説いています。グループ内でのいざこざに巻き込まれたときに。／『「みんなの意見」は案外正しい』（角川書店）

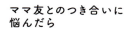

悪徳商法から身を守る方法は？

人の心理を巧みに利用した「買わせる技術」について語った本。詐欺師やねずみ講ビジネスの手口など、「こんなアプローチをされたら引っかかるな！」という事例がたくさん載っています。人を動かすビジネス書として読んでも。／『あなたもこうしてダマされる』（草思社）

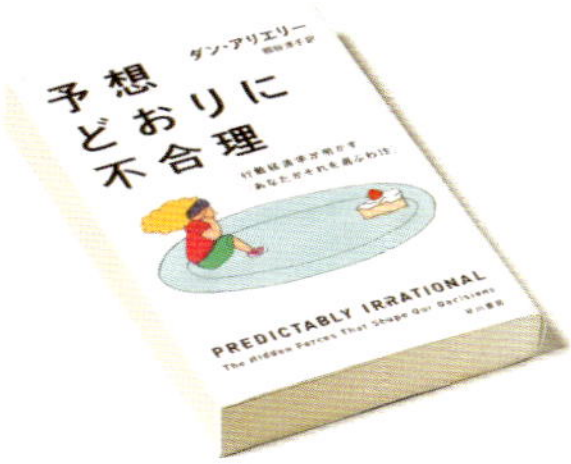

モノを必要以上に買わないために

物事を合理的に判断しようとして、結果的に不合理なほうを選んでしまうという、人の心理を解説した本。買い物で、値段に幅があるとつい「真ん中」を選びがちですが、じつはそれがお店の一押しという売り手の戦略がわかります。／『予想どおりに不合理』（早川書房）

自信を失ったときの「気づき」に

娘と同じ、自閉症スペクトラム障害を抱えた人が、世の中のルールについて書いた本。「優しくしてくれる人が、みんな友人とは限らない」など、人間関係のヒントになる内容が満載。／『自閉症スペクトラム障害のある人が才能をいかすための人間関係10のルール』（明石書店）

生きづらさを感じているあなたへ

世の中にある「暗黙のルール」を理解することが、人間関係をよくする方法だと説いた本。精神科医による物語で、主人公の若者が先生から教えを請う形で話が進みます。新しい環境に飛び込んで、不安でいっぱいなときに。／『この世の中を動かす暗黙のルール』（幻冬舎）

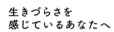

PART5

夫婦の整理

結婚して15年。
私たち夫婦にもピンチがなかったと言えば、
嘘になります。
それを乗り越えられたのは、
「夫婦なんだから」という甘えがなかったから。
「わからない」という前提で話し、互いを尊重する。
夫婦の間にあるのはルールで、
相手を変えようとすることではありません。

夫と「第二の人生」を始める

「40代に入って、今やらなきゃ、もうこの先の人生でやらないと思うんだよね」。

2015年の秋口から出始めた夫の転職話。夫は料理が好きな人で、以前からコーヒーやパンの研究に熱心でした。「移動カフェ、なんておもしろそうじゃない？　車を買い替える時期だから、それをカフェに改造して、平日は仕事で週末は移動カフェ。そんな働き方があってもいいと思う」。

ちょうどその頃、夫の実家で暮らしていた親族が、翌春に引っ越して家が空くという情報が。夫の実家がある町には、娘の学校の受け入れ体制や周囲の理解などの条件がそろっていることから、半年間夫と相談を重ねて同居を決意。「同居したい！」と言い出したのは、じつは私たち夫婦でした。

夫は、コミュニケーションに障害を抱えた娘に対して、「自分に何ができるだろうか……」と、ずっと考えていたようです。働くことは生きること。娘が社会とつながる場所をひとつでも増やしたい。そんな想いを持っていました。移動カフェを始めたら、雇い主は夫ですから、娘も働くことができます。娘の将来的な支援ができるのです。

夫は早速車を手に入れ、DIYで内装をカフェに変身。わずか1カ月と少しで完成させました。その半月後には出店場所を確保。新居の片づけと掃除に明け暮れていた私は、そんな夫を横目に見ながら、その行動力に感心していました。夫は働き方を変え、給料は大幅に減ったものの、代わりに手に入れた時間を使い、「移動カフェ、なんておもしろそうじゃない？」という目標を達成させたのです。

夫の実家では、年間通して野菜や米を生産。夫婦で手伝いに出かけるのも、新たな楽しみのひとつ。興味のあった半農半商の暮らしが始まります。

私自身もモノを持たない生活を通して、自給自足という世界に興味を持ち始めるなど、気持ちに変化が生まれていました。夫の実家へ行くたびに、地元の新鮮な魚や実り豊かな季節の野菜、農業関連を生業とする義理の両親たちに触れ、完全自給自足は無理でも、「半農半商ぐらいで生活できたらおもしろいかも！」と、そんなワクワクした気持ちが芽生えていました。

そんなとき、夫がこう言ったのです。「いつかいつか……と言っていては、お爺さんになる気がする」。運命の女神には前髪しかないと言います。「いつかいつか……」とチャンスやタイミングをうかがい、「今だ！」と手を伸ばしても、女神には後ろ髪がないのでうまくつかめません。新しい暮らしに不安がないと言えば嘘になります。起業は一部のビジネスセンスのある人だけが手にするものだと思っていましたが、いざ、夫が移動カフェを始めてみると「あ、起業って誰でもできるんだ！」と明るい気持ちになりました。

周りの友人を見渡せば、女性でも起業している人は多く、義理の父もゼロから自分の会社を立ち上げた人でした。私の友人が**「走りながら考える。そういうやり方だってあるんですよ。まずは一歩。理不尽なことや思いどおりにいかないことがあったっていいんです。愚直に走る。それでいいんですよ！」**と口癖のように話していた言葉が、私の心のお守りになりました。

失敗できない、失敗したくない、じゃあ失敗しない方法は？　地団駄を踏んでいる時間があれば、小さくても動く。踏み出す。私が持たない暮らしの中で一番教えられたのは、小さくても始めることでした。

暮らしを小さくすることで、小さな住まいでも大丈夫。洋服や持ち物を定番化することで、余計な出費が抑えられて、お金の不安も小さく。モノの使い方を丁寧にすることで、お金への意識が変わり、お金を使うことも一生懸命考えるようになりました。「時は金なり」といいますが、お金の使い方が時間の使い方を変え、「これをやりたいけれど、時間もお金もない」ということがなくなりました。小さな波が大きな変化となり、人生の可能性を広げていったのです。

夫のカフェも、最初はコーヒーとかき氷のみでした。夫がこれまで築いた人脈から、「うちのマドレーヌ使っていいよ」「今度お祭りがあるから、お店を出してよ」「地元の小麦を使ったパンもいいよね、うちの小麦粉あげるよ」と声をかけていただき、メニューや出店場所が少しずつ増えてきました。

メニューが完璧でないと始めないのではなく、メニューが2つでも始める！　小さな一歩の大きさを夫と実感し、「小さく暮らす。そのことで可能性が広がったね。最初は怖かったけれど、始めてよかったね」と話しています。

私たちの「第二の人生」の挑戦は始まったばかりです。何かに挑戦するときは、不安に負けてしまいます。走りながら考えることで、ブレたり迷ったり逃げ出したくなる自分を「今やるべきことは前を向いて行く！　悩むのはあとでもできる！」と奮い立たせ、不安に立ち向かうことができるのです。

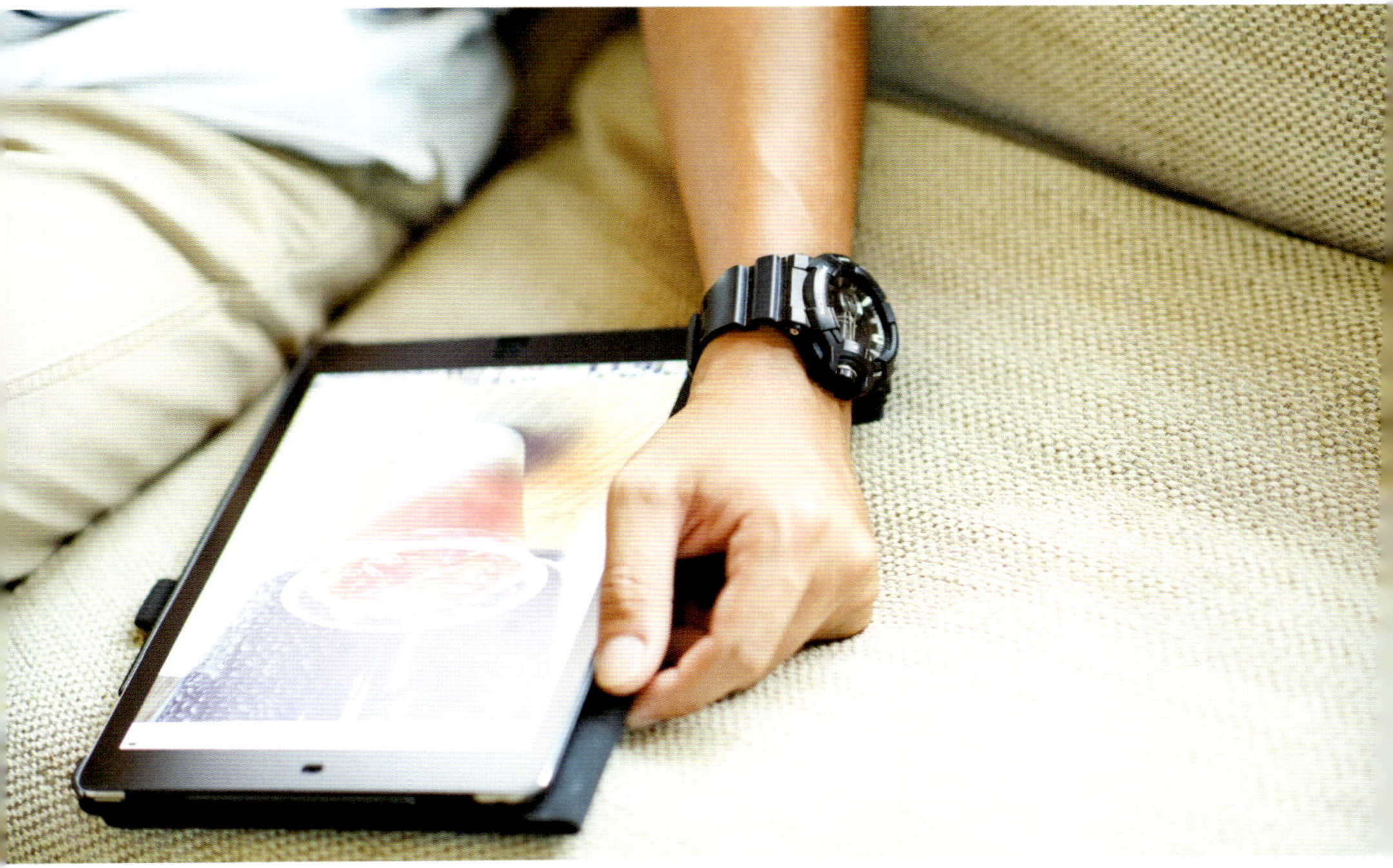

コーヒー好きの夫が始めた仕事は移動カフェ。仕事が変わると道具も変化し、タブレットはカフェの営業案内、腕時計はカフェ元の時間管理に使います。

夫の退職祝いの観葉植物。しばらく日向で育てていましたが、元気がなかったので日陰に移したところ復活。環境が変われば植物も人も変わります。

お互い「もっと！」と求めない

転勤族の我が家は、頼れる親族が近くにおらず、家事も育児も夫婦2人で乗り越えてきました。

夫のほうが私より多く稼げるから仕事、私のほうが子どもの扱いがうまいから家事と育児。夫婦の役割が分かれているときはよかったのですが、私が働きに出て共働きになった途端に、不平不満が出始めました。「私のほうが家事に仕事にたくさん働いている」「仕事で疲れているのに、なんで家に帰ってきてまで家事をやらなきゃならないの？」。お互い体調面や精神的なバランスが崩れるとイライラし、家庭内の空気がギスギスしたものに変わっていきました。

ふだん温厚な人でも、とくに女性は生理などからくる体調不良が原因で、精神的に調子を崩すことがあります。私も疲れが溜まると、言葉に棘が出てきます。夫も同じタイプ。疲れが原因で言葉に棘が出る。裏を返せば、家庭を守るために外の世界で一生懸命働いた疲れですから、本来その疲れは尊いものです。しかし、そこは人間。そうはわかっていても棘を出してしまい、あとになって「もっと優しくすればよかった……」と後悔する。その繰り返しでした。

「お互いに、そんなにいろいろ、物事を上手にできるタイプじゃないでしょう。だったら、できることをする。できないことはやめる。そうしようよ」。

夫との話し合いで出た、シンプルな結論でした。たとえば、疲れているときに無理して料理を作ることをやめる。お弁当やお惣菜を買えばいいし、食費が心配だったら、たまにはカップラーメンの日があったっていい。**できない約束をせず、できるフリもしない。できないことは事前に「できません」と言おう。すべてのできないことをお互いやめよう。**

しかし最初は、私たち夫婦はやめることに対して慣れませんでした。たとえば料理。『今日は疲れているからお惣菜ね』と言うのは簡単だけど、ズルしてる、サボってるって、思われないかなぁ」「今日は朝から体調が悪くて……。だからカップラーメン買って来て、なんて言えないよねぇ」。それまで毎日やっていたことをやめるには、小さな勇気が必要でした。

怒られやしないか？　こちらも怒りはしないか。ところが、無理して家事をするのをやめてから、夫は以前よりもイライラすることが減り、口調が穏やかになりました。私も、以前はあった頭痛で寝込むようなことがなくなりました。それだけ、無理は人の心や体の調子に影響を及ぼしているのです。

夫はイライラの原因を口にしてくれるようになり、私の見えないところで頑張っていることがわかり、より尊敬するようになりました。無理をして疲れている相手より、心と態度にゆとりを持った相手のほうが好き。

無理をすることをやめて気づいたのは、他愛もない話を穏やかに話せることや、夜に安心して眠れるという当たり前の幸せ。夫婦の関係は改善され、以来、大きな喧嘩をすることはなくなりました。

仕事の話は、しない

我が家では、夫婦ともに仕事の話はしません。

職場の愚痴や「今日、こんなことがあってね」という話はします。NGとしていましかし、相手の仕事に対して「こういうふうにしたら、もっとよくなるのに」といった意見はNGとしています。夫婦間のみならず、夫婦共通の友人や、私の友人が夫の仕事の関係者の場合も、「職場」の話に触れても、「仕事」の話には触れないようにしています。それはなぜかと言うと、必ず夫婦間のトラブルになるからです。

女性は、愚痴や「今日の出来事」を聞いて欲しいのであって、意見や「問題解決方法」を聞きたいわけではありません。ただ、話を聞いて欲しいのです。一方で、男性は解決したがる生き物です。私自身、「今日、こんなイヤなことがあってね!」という話に、もし夫が「それは君のやり方が悪いからだよ」と私の問題点を指摘し始めれば、昼間イヤなことがあって落ち込んでいるのに、夜も夫にダメ出しされた……と、なんだか悲しい気分になります。それに、当事者である私の立場からすると、「あなたに何がわかるの!」と言いたくなることもしばしばです。

パートナーの仕事は、あくまでパートナーのもの。私のものではありません。仕事はお金を稼ぐだけでなく、社会とのつながりや自身の存在の承認、人生の生きがいなど、さまざまな側面を持ち合わせています。

「職場」の話を聞いても、「仕事」の話に首を突っ込むのは控える。それが、夫婦関係をうまく保つ秘訣です。

研究熱心な夫は、7種類のコーヒー豆を試飲し、試行錯誤しながらメニューを決めています。朝晩、夫が淹れてくれるコーヒーは格別の味わい。

夫婦は「わからない」から話す

夫は、私から「今日はどうだった？」と聞かない限り、口を開かない寡黙なタイプです。何か悩み事があっても自分ひとりで抱え込んでしまいがちで、そうなると、自分の中で解決しようとストレスを溜め、いつもよりさらに口数が少なくなります。

本人にはそのイライラの原因がわかるのですが、周囲の人には「なんでイライラしているんだろう？」と伝わりません。職場や友人関係なら「何かイヤなことがあったのかな？だったらそっとしておこう」と距離を取ることもできますが、家庭という小さな箱の中にいると、「自分が何か原因を作ったのだろうか……」と不安になり、相手のイライラが自分へ感染することもあります。

我が家の場合、夫婦間で一番多かったトラブルは、この「相手のイライラが感染して起こる喧嘩」です。

そんなときの対応策として、私は相手に「今日は〇〇なことがあって、イライラしているんだ。言葉がキツくなるかもしれないけれど、あなたが悪いわけでもない。イライラ言葉が出たらゴメンね」と事前に謝っておきます。

そう話し、「私のイライラしている原因」と「あなたには責任はない」ということを明確にしておけば、「ああ、そういうことなのね」と相手も安心します。**お互いにイライラしてしまう根っこのひとつに「相手のことがわからない」という不安があります。その根っこを刈り取ることで、夫婦喧嘩を減らすことができます。**

日本には「いわずもがな」という言葉があり、相手の様子を見て、相手を気遣うのはよきこととされます。しかしそれは「話さなくても見ていればわかるでしょう」という、ときに傲慢な態度へと走らせます。人は、大切なことは言葉にしないと伝わりません。言葉にしてもすべて伝わらないときもあります。

長年連れ添った相手でも、自分のことをわかっているだろうという思い込みを一度外して、私は相手のことがわからないという前提で話をします。「この人は多分こうかな？」というのが当たることもあれば、外れることもあります。すると、相手のいろいろなことを知りたくなります。

学生時代どんな部活をやっていたのか、どんな人とつき合い、どんな恋愛観やどんな人生観を持っているのか。ふだん話題に出ないような質問を投げかけてみると、じつは知っているようで知らないことがたくさん。

たとえば、夫はあまりかぼちゃの煮つけを食べません。「なんでだろう？　好きじゃないのかな？」と思って尋ねたら、「かぼちゃの煮つけは、晩御飯のおかずとしてはアリ。でも、甘いから酒のつまみにはならない」との答え。お酒を飲まない私にとって、「酒のつまみにならないから、あまり食べない」という理由は驚きでした。

このように、食の好みひとつとっても知らないことばかり。「相手のことをわかっている」と思うより、「相手のことはわからない」と接することで、「私にはこういうところがあるんだよ」と相手に安心感を与えたり、「あなたはどんなところがあるの？」と相手に興味を持つことができる。互いを知るよいコミュニケーションになります。

話す「内容」と「機会」は告知制

「ねぇ、話ちゃんと聞いてる？　聞いてないよね⁉」。そんな夫婦間「あるある」は、かつての我が家でも日常茶飯事でした。夫にしか話せないような愚痴や育児についての相談など、ちゃんと聞いて欲しい話を夫は聞いてくれない。どうしてなの？　なんで？？？

話を聞いてもらえないという状況は、人を孤独にします。浜崎あゆみさんの『ＳＵＲＲＥＡＬ』という曲に「ひとりで感じる孤独より、２人で感じる孤独のほうが辛い」という内容の歌詞がありますが、これに共感する女性は多いと思います。２人で感じる孤独は、そばにいる人に自分を受け入れてもらえないという現実を目の当たりにするから、余計に苦しい。それだけ、話を聞いてもらえないという状況は、人の心に大きな穴を開けます。

ある日夫に、「ちゃんと話を聞いてもらえないと、辛いし悲しい気持ちになるよ」と胸の内を明かしました。すると夫から「いつも君は、僕が何かをしている最中に話しかけるよね？　僕だってちゃんと聞いてあげたいと思っている。**話す側にも話したいタイミングがあると思うよ。でもね、聞く側にも話をちゃんと聞けるタイミングがあるんだよ。僕たちは、気持ちがズレてるんじゃなくて、タイミングがズレてるんだよ**」という答えが返ってきたのです。

それから、聞いて欲しい話は、事前に「夕食のあと、〇〇について話したいんだけどいいかな？」と伝え、相手の了解を得るように。聞くタイミングと話すタイミングを合わせる。会話はキャッチボールです。相手がよそ見をしていては、球を上手に受け取れません。シンプルなやり取りを行なうことで、会話の一方通行を回避できるようになりました。

新居に来て嬉しかったのが、キッチンが広くなったこと。邪魔にならないので、ときには一緒に調理も。何気ない会話で相手の今が見えてきます。

無用な夫婦喧嘩は避ける

夫婦喧嘩は、とても大切なコミュニケーションです。

相手と本気でぶつかり合うのは、相手に対して「どうして私をわかってくれないの？」を問うこと。私自身わかってもらえていないと不満に思うとき、「じゃあ、私は相手のことをどれだけ理解しているの？」と振り返るようにしています。

私をわかって欲しい↓私を大切にして欲しい↓私は相手を大切にしているの？　そう突き詰めていくと、「私のことを理解して！」と叫びたくなるようなときは、案外自分も相手を大切にしていないときです。

そんなときは、「毎日働く夫に感謝の気持ちを示しているか？」と自分を振り返り、夫の持ち物を磨いたり、服に丁寧にアイロンをかけるなどし、「あなたを応援していますよ」と行動でさりげなく伝えます。人は言葉より行動を見ています。伝えたいメッセージは、態度で示したほうがより深く伝わります。

たとえば、ささやかですが、給料日にふだんは出さないお気に入りのお酒を用意しておく。「あれ？　これ用意してくれたの？」と小さなことでも嬉しいものです。あるいは、夫が仕事で疲れていると感じたら肩を揉むなど。大人でも子どもでも自分を見ていてくれる人がいると感じるとき、幸福を感じます。

夫が私をわかってくれない――。そんな不満が湧き上がるときは、自分が自分のことをわかろうとしていないときです。他人にわかって欲しいという気持ちを一旦置いて、自分に声をかけます。頭を撫でます。抱きしめます。すると少し安心し、自分を大切にしている

夫のイライラを察知したら、大好物の鶏のたたきの出番です。給料日や大仕事を成し遂げたあとは、ハイネケンのグリーンボトルを用意します。

と実感し、不満の種は小さくなります。

自分に優しくすることができれば、他人にも優しくできます。優しさを他人に与えることで、無用な喧嘩の数が減ります。解決策として、まずは自分自身に愛情を持って接すること。メンテナンスを行なうのです。

それでも夫婦でいれば、相手が不機嫌な空気を漂わせている場合は、その空気が感染して自分もイヤな感情に呑まれます。そんなときは、部屋を移動したり、外へ出るなど物理的に相手から離れます。一旦見えなくすることで、相手の空気や自分の感情に距離を作ります。すると、自分も相手も守ることができます。また、距離を置くことで冷静になり、自分にとって大切なものが考えられます。距離を取りながら、相手と話すタイミングを図ればいいのです。

「無用な喧嘩を避ける方法」は、じつは「無用な買い物を避ける方法」とよく似ています。家のインテリアがなんだか決まらないときは、家の中が小さく汚れているとき。壁の汚れを落とし、くたびれたタオルを取り替えるなど、必要なメンテナンスをすることで、無用な買い物を止められます。そしてもうひとつ。ネット通販やショッピングセンターなど、物欲をそそる場所とは距離を取る。すると「何かが足りない」と枯渇した気持ちは鎮まります。

自分のメンテナンスと相手との距離を取る。ただそれだけのシンプルなルールで、無用な夫婦喧嘩を避けることができます。

夫婦のピンチを乗り越えるコツ

夫婦のピンチ。人生の山ではなく谷。その暗い部分にどれだけ光を当てられるかを、試されることがあります。

私は友人の夫となる人には、「子どもが生まれたら1年半でいいので、だまされたと思って奥さんに尽くしてあげて。その1年半が一生の支えになるから」と伝えます。子どものいない人生でもいい。何かひとつ、夫婦のどちらかが谷底に落ちたとき、「あのとき、力になってくれた」という事実があるだけで、夫婦の間に強い結びつきが生まれます。

夫婦がこじれてしまう原因のひとつに、不平等感があります。相手がラクをして、自分が苦労をしているという感覚です。家事や育児においては、女性が多くを背負ってしまうケースがよく見られます。しかし、男性側も仕事の悩みなど、社会の荒波にもまれて苦労を背負っていると思います。共働きの場合は、「どちらが多く稼いでいる」や「どちらが大変」など自分と相手を比べがちです。

自分と他人を比べても、人を幸せにしません。それでも人がそうするのは、自分の立ち位置を確認したいのだと思います。私も、よいときは人と比べる気持ちは湧き上がりませんが、精神的に落ち込んだときは比べてしまいがちです。そんなときは、「自分はダメだ」と否定するのではなく、「あの人も頑張っている、自分にできる方法で自分も頑張ろう！」と、前向きになるために自分の気持ちを利用します。

今年の春、将来人生の谷に落ちたとき、「あのとき、力になってくれた」と心の支えにしたいと思い、夫に家事の分担を願い出ました。大量に残された新居のゴミの片づけが終

2人でじっくり話したいときや記念日には、昔行った店に食べに行きます。過去のおいしい・楽しいという記憶が、現在の助けになることも。

わるまで、食事作りをお願いしたのです。もし、ここで私がひとりで物事を全部抱えてしまって夫を頼らなかったら、「私ばっかり大変な思いをして！　あなたはラクをして何もしなかった！」と夫を恨むことになると感じていたからです。

「あのとき、力になって助けてくれた」。その事実がひとつでもあれば、過去が現在に大きな力をくれます。

義理の実家で夫が料理を作るわけですから、妻としてはあまりいい気がするものではありません。しかし夫婦の先輩である義理の母は、「長い人生だとどちらかが苦労する場面って、必ず出てくるからね。ふだんからひとつでもお願いしておくと、何かあっても頼みやすくなる。頼まれないと、何もやらなくなって『なんで俺が？』って言い出すからね！」。

「自分のほうが大変だ！」と夫と自分を比べてしまうとき、その気持ちを上手に利用しましょう。何かひとつ手伝ってもらって、心に貯金をしておけば、夫婦のピンチが訪れたときに大きな力となります。そのときのために、今、小さなひとつを積み上げる。

自分で物事を解決することも、人を頼ることも、人生を生き抜く大切な力です。どちらかが欠けていてもダメ。相手に甘える力も大切なスキルです。親子関係でも、親にちゃんと甘えられる子は、社会での甘え方も上手です。夫婦間でも、片方が甘やかすのではなく、ときには甘える。

あのとき、力になってくれた——。ひとつだけでもいいのです。その事実を持つことが、夫婦のピンチを乗り越える秘訣です。

PART6

頭と心の整理

モノの整理で得た取捨選択の力は、
人生にも役立ちます。
物事の優先順位がつけられ、
自分の「大事」や「好き」が見つかり、
そうでないものを手放せる。
すると、余計なことを考えず、
無駄な負担を抱えずにすんで、
ストレスの少ない日々が送れます。

考える、でも考え過ぎない

私は、楽しい考えは眠りにつく前に布団の中で考えます。昼間干したフカフカの布団。ほのかに香る洗剤のにおいを感じながら、明日が来るのをワクワクした気持ちで床につく。とてもささやかですが、幸せな瞬間です。

しかし、答えのないこと、暗く悲しい気持ちになることは、あまり深く考えないようにしています。たとえば、不注意で人に迷惑をかけてしまったり、不用意な発言で人を傷つけてはいないだろうか……など。考え過ぎると、夜の寝つきが悪くなってしまいます。

そんなときは、自分に仕事を与え、クタクタになるまで家の掃除をし、コテンと寝てしまいます。忙しくし、一旦考えることから距離を取ります。忙しいの「忙」の字は「心を亡くす」と書きます。心をなくせば、考える時間もゆとりも失います。しかし悪いことばかりではなく、よいほうへ忙しさを活用すれば、人は前向きになれます。

悲しみや苦しみの一時避難所として忙しくし、落ち着いた頃に少しずつ整理する。大きな心の傷ほど、ゆっくりとした心の回復が大切です。それに、暗く悲しい気持ちのまま考え事を続けても、よい結果は出ません。「涙目で物事を見ると歪んで見えるから、涙を拭いてモノを見なさい」。子どもの頃、親からもらった言葉です。

考えることで自分なりの答えを出し、前向きに歩き出せるとき。考えることで自分を責め、グルグルと悩みの底へ落ちるとき。この2つの見極めは大切です。考えるときのコツは、自分を非難する意見と自分を擁護する意見の、2つの視点を持つこと。すると、失敗だと大きく落ち込む出来事でも、よい点が見つかって前向きに歩き出せたり、逆に成功だ

中央に気になる言葉の意味を、周囲に頭に浮かんだキーワードを書き出します。それらを連想ゲームのようにつないで、頭の中を整理していきます。

と楽観視していた出来事に、改善点が見つかって浮わついた気持ちを引き締められます。

また、考え過ぎる場合は、頭の中が情報でパンク状態です。そんなときは、「この場合の優先順位は何か？」と考えます。モノをあちこちに分けて収納すると、いざ、使うときになって、「あっちにもこっちにもない！」と取っ散らかりますが、頭の中も同じ。**感情や思考を頭にぼんやりと放置すると、伝えたい言葉をどう説明してよいかわからなくなり、かえって考えがまとまりません。**

頭の中の情報は、まず「重要・保留・不必要」の3つに分けます。次に、重要なことをひとつ抜き出し、ほかの情報は一旦遮断。重要なことに重点を置いて考え、解決したら次は保留に取りかかります。不必要な情報は、頭の中から追い出せばＯＫ。モノの整理では「使う・保留・処分」の3つに分けて考えますが、それと同じです。必要以上の情報を頭に詰め込むことは、とてもストレス。考え過ぎるのを手放せば、情報が整理されます。

トラブルなどは優先順位が明確なもののひとつですが、「腹が立った」などの感情は優先順位がつけづらいものです。そんなときは「一番に湧き上がる感情」に着目します。そして、「なぜ、そう感じるのか？」を考えます。あの人の態度がイヤだった、過去にも似たことがありトラウマになっているなど、感情の泡がまるで海の底からブクブクと出てくる、その出どころを突き止めます。すると、同じ原因で悩んでいることがわかり、問題解決の糸口が見つかります。

自分なりの答えが出たら、不用意に考えるのは体に毒。不思議ですが、意識の世界で考えるのをやめても、無意識の世界ではじつは考え続けているそうです。**考え過ぎると、意識では受け止めきれず、無意識の自分に投げてしまう。**心理学で「カクテルパーティ効果」と呼ばれるものがあります。学校の教室でザワザワと騒がしくても、自分の好きな人の声は拾うことができます。自分にとって必要な情報を、無意識レベルで人は拾っているのです。

考えるのをやめるには、外へ出かけること。たまたま入った書店で手に取った本がヒントをくれたり、友人とのふとした会話の中に「なるほど！」と腑に落ちることが潜んでいたり。自分の中ではなく、自分の外に答えが落ちていることが、たくさんあります。

たとえば、友人たちと外出したとき、昔から遅刻魔の友人が待ち合わせの時間になっても来なかったのです。1時間以上待っても来ない友人にイライラしていると、それを見た別の友人が「マイペースな子に期待しちゃダメだよ〜！　昔から遅刻魔じゃん？」と言いました。「人に期待しちゃダメ」。何気ないひと言でしたが、「自分はどうして、もっと頑張れないんだろう」と悩んでいた私の胸にガツンと響きました。自分で自分に期待し過ぎて、無言のプレッシャーを与えていたのです。おそらく無意識に今の自分に必要な言葉として拾い上げたのだと思います。

考えるときは優先順位をつける。でも、考え過ぎない。距離を取る・遮断する。それが、グルグルとした悩みを解決する一番の近道になります。

寝室の書棚。本は書店で手に取って選ぶことがほとんど。行動心理学、経済学、教育学……専門家の知恵や知識は、考えるヒントになります。

箱の中に入れて考える

物事を考えるとき、問題を分けて箱の中に入れるようにしています。

フランスの哲学者ルネ・デカルトは、「困難は分解せよ」と言葉を残しています。簡単に言えば、問題を全体から解こうとすると難しいのですが、少しずつ分解すれば答えが見つかるという意味です。問題が起きたら、「ここからここまでが私の問題」と線引きすることで、シンプルに解決することができます。

誰かと何かあったとき、「自分の箱」と「他人の箱」の2つを用意します。自分と他人を分けることは、相手を尊重すること。モノでたとえると、あなたのために用意されたお菓子の箱から、誰かが勝手にお菓子を取り出す行為は許せませんよね。お菓子が欲しければ、相手に許可を得なければなりません。それと同じように、他人に口出しするときは、「口を出してよいか？」と尋ねることが必要です。

家族や家の問題も、ひとつの箱として考えると答えが導きやすくなります。

我が家は義理の両親と同居中ですが、仮に私が勝手に義理の両親の部屋に入り込み、冷蔵庫を開け、モノを使ったり捨てたりするのはマナー違反です。義理の両親の家という箱に、私が勝手に手を出すわけですから。目に見えるモノはまだわかりやすいのですが、**目に見えにくい人の心は、その境界線を安易に踏み越えてしまいがちです。問題は箱に入れて「整理収納」することで、解決しやすくなります。**

「家族がモノを散らかして困る」という問題も、モノの所有者の箱に入れて考えます。部屋の問題を解決するのは、モノの所有者の仕事。モノが共有部分にまではみ出し、害を及ぼすときは、本人のスペースで管理してもらうようにします。このようなケースは、所有者がモノを片づけられないという問題が、家じゅうに散っている。家族は、その散っている感じがイヤなのです。同じ物量でも1箇所に集まればすっきり！　その人の問題は、その人の箱にまとめることが大切です。

少し弁の立つ人ですと「この家のお金は私が出している」というお金の箱を出してきます。箱の種類を変えてしまうのです。そのような場合は、「この家はみんなが住んでいる場所、今は場所の使い方の話をしましょう」と別の箱を用意しましょう。家の使い方を話し合うにしても、お金と使い方の2つの箱が交ざることで、話がまったく解決しません。

同じ問題に見えるようでも、箱の種類を変えるだけで問題が変わってくることもあります。たとえば、「この手術は生存率10％です」と「この手術は死亡率90％です」は、死亡率で聞くと悲観的になりますが、生存率で聞くと希望が湧きます。内容は同じですが、言い方・捉え方の箱が違います。心理学ではこのことを「フレーミング効果」と言い、物事の見る角度で印象が大きく異なります。

ひとつの問題が発生したとき、物事を複雑にしないために、いくつかの箱に入れて考える。考えが煮詰まったら、「この問題は「なんの箱？」「違う箱はないかな？」と探すことで、問題を整理できます。そして、見方を変えてみる。たとえばコップなら、水を飲むだけでなく、花瓶や小物入れにしてみる。ひとつの物事をひとつで終わらせず、さまざまな見方を見つけることで、自分を取り巻く環境や可能性が大きく変わります。

0よりは1

私の考え方のベースは「0よりは1」。何か物事を決めるときや行動に移すときは、これを基準にしています。

0は0のままですが、0.1でも10個積み重ねれば1になります。自分の叶えたい目標や夫婦関係のピンチも、「0よりも何かひとつ」。**白か黒か？　成功か失敗か？　の10対0ではなく、4対6や9対1を目指します。**

私は以前、棚にほこりが溜まっていても、拭くのが面倒で放置していた時期がありました。でも、棚ひとつからスタートしたところ、ひとつがふたつになり、気がつくと家じゅうがすっきり！　小さくてもひとつ達成できれば次につながります。

人間関係も同じ。近所づき合いなど、正直、参加するのが面倒な行事もあります。そんなときも「0よりは1」。たとえば2〜3時間かかるものなら30分だけ顔を出す。「30分経ったら帰ろう」。そう決めて出席します。「あの人は来なかった」ではなく「あの人は来た」という事実を作るのです。誰にでも嫌いな人や苦手な人はいると思いますが、そういう人とでも30分なら我慢できますよね？

なんでもこなせない不器用な人ほど、小さくこなす。会社勤めの知人がこう話しました。「月曜日が憂鬱で、いつも休みたいって思う。そんなときは、今日の目標を『会社へ行って椅子に座ること』にするの。椅子にだったら座れるし、座ったら自然と仕事しちゃうし」。

心も足も重くなりそうなときは「0よりは1」。それができたら、自分に花丸をあげましょう！　小さな目標を達成することで、大きな山も越えられます。

一歩足を踏み出すと、自然と後ろ足がついていきます。0は何も生みませんが、1は2にも100にもなる。最初の一歩を後押しするのは勇気です。

近距離の思考、長距離の思考

近距離の思考と長距離の思考。考え方に2つの物差しを持つと、物事が柔軟に考えられ、自分をちょっと好きになれます。

2つの思考は、ダイエットをイメージするとわかりやすいでしょう。痩せるという目標を達成するために、「2週間後のデートまでに5kg痩せたいと、無理な食事制限をし、過激な運動に励む」というのが近距離の思考。一方で、「ゆっくりと健康的に美しくなりたいと、ベストな食事量と運動量が整った暮らしを身につける」というのが長距離の思考。

急激なダイエットが体に負担をかけることは、広く知られています。ある有名な美容家は、髪の毛が抜け落ち、かつらを使用せざるを得なくなったとか。また、10代の体が元気なときに、無理して目標を達成すると、その成功体験から無理を努力だと記憶してしまうと言われています。しかし、年齢を重ねると無理が取り返しのつかない事態を招きます。長距離の思考から考える力をつける必要が出てくるのです。

私は、ふだんの買い物なども、近距離思考と長距離思考の2つの視点で考えます。たとえば「このバルーンスカート、今年の流行りの形だけど、どうしよう?」。近距離思考で考えれば、今年限りのスカートとして買い、流行のファッションを楽しむことはOK!しかし、クローゼットがパンパンで収納に困っているようだったら、そこは長距離思考で。流行りの形を買って今年限りで終わらせるのではなく、ベーシックなスカートを買って長く着る。それが正解です。

片づけに関しても、近距離思考で「1週間で全部捨てる!」と一気に片づけるのもアリ。

しかし「勢いでつい捨て過ぎてしまった……」と後悔したり、親の家の片づけなどは作業の負担が大きく、健康を損なうケースもあるので危険です。一方、長距離思考で「何年かかけてゆっくり捨てる」という捨て方は、呼吸をするように暮らしに溶け込み、無理をしない方法として有効です。ただ、時間が必要なので、根気と長い時間を楽しむ楽観的な気持ちが必要です。

人は、目の前のわかりやすい結果を求めがちです。物事を考えるとき、近距離思考と長距離思考のどちらか一方だけではなく、どちらも上手に活用しながら柔軟に考えることで、思考の引き出しの幅が広がります。

この2つの思考法が身につくと、「あれは失敗だったなぁ……」と後悔する出来事が起きたとき、「でも待てよ？　近距離思考で見れば失敗だけれど、長距離思考で考えると、これって正解だよね！」という別の側面に気づくことができます。片づけも、近距離思考で「捨て過ぎたかな？」と思っても、「いずれ狭い家に引っ越すかも？」と長距離思考で考えれば、捨て過ぎではなく正解です。

近距離思考では×でも、長距離思考では〇。ふだん自分に×をつけてしまいがちだった私は、**2つの思考で物事を考えるようになってから、×が〇になり、〇が◎になり、少しずつ自己肯定感を持てるように**なりました。

知らず知らずに身についてしまった、自分の思考の癖を外す。違う視点を持つことで、自分で気づかなかったよい点や、他人を好きになる方法が見つかるかもしれません。

批判の上手な受け止め方

「少ない物ですっきり暮らす」というブログを始めて、4年になります。ブログを長い間運営していると、日々いろいろな声が届きます。心ないことや誹謗中傷、妄想と言えるような内容もありますが、「なるほど……そういう考え方もあるのか！」と感心するものもあります。傷つくこともあります。

なかには、批判という形を取りながらも、個人の感情をぶつける方がいます。誰かから攻撃される、つまり殴られて痛みを感じない人はいません。私もそれは同じです。「間違ったことをしたから批判を受けた」と捉えるか？「批判されるほど誰かの感情を揺さぶることに成功したんだな」と捉えるか？どちらかで、批判の受け止め方は変わってきます。

持たない生活を送る中で「人はなぜ消費するのか？」を考えました。消費行動には少なからず感情が動いています。誰かに素敵と思われたいから服を買う。このアイドルが好きだからCDを買う。人が行動を起こす裏側には必ず感情が存在します。批判も何がしかの感情が動き、貴重な人生の時間を消費し、自分が嫌いな人への想いを書く。**私は批判を受けたとき「この人は、時間とエネルギーを私に消費してくれたんだな」と考えます。**

一方で私は、時間とエネルギーを無駄に消費したくありません。その時間があるなら、子どもやペットと遊んでいるほうが、私の人生にとって有意義に感じます。よくも悪くも誰かの感情を揺さぶる発信力が自分のブログにあるのなら、それは批判であっても高く評価していただいたものと受け止めています。

悪意あるコメントなども、結局はその方が私にどうして欲しいのか、私には知る術はあ

ブログには1日平均約10件のコメントが寄せられます。「おもしろい」と思う批判は受け止めて返信しますが、悪意を感じるものは放置し、非表示に。

りません。悪意のある言葉を投げ、私が傷つく様子を見たいのか？　もし、そうであるのなら、その人自身が心深く傷ついているのではないか？　自分自身にかまって欲しい。相手にして欲しい。寂しさを抱えているのかも……とも考えます。方法としては間違ってはいますが、その人なりの最大限の発信なのかもしれません。

40代のいい大人になると、他人から怒られる機会は大幅に減ります。空気を読むという風潮が強いので、面と向かって本人に自分の言葉を伝える人は少ないでしょう。批判も有難いことなのかもしれません。

ときには「嫌いならブログを見なければいいのに」と思う瞬間もあります。私のことが嫌いな人も、ブログの更新を楽しみにしてくれていると思うと、おもしろくも感じます。P138〜139で物事を箱に入れて考える方法をご紹介しましたが、**私に批判的な人を「私のことを嫌い」ではなく、「更新を楽しみにしてくれている」という箱に入れて考える**と、とても励みになります。興味や関心がなければ、ブログにはアクセスしないものです。

ただし、言葉の暴力まで受け止めようとは思いません。送り手なりの理由はあるかと思いますが、受け手にも受ける理由はありません。選ぶ権利はあるのです。悪意ある批判は、暴力です。たとえ批判される側に原因があったとしても、問題は暴力をふるう側にあります。受け取る必要のないものは「いりません」とハッキリお断りしてよいのです。

批判のすべてを受け止めようとしない。そして「自分の批判を受け止めて欲しい人がいる」と考えることで、気持ちが少しラクになります。

感情にフタをしない

子どもの頃、「せいこちゃんは、泣かないで偉いねぇ」とよく大人から褒められました。子どもどうしの喧嘩でも「あの子は泣いた」「泣かしてやった」など、「泣いたら負け」という空気があり、感情を表に出すのはよくないとされていました。感情を隠して周囲に合わせる子は世渡り上手で、感情を表に出す子は周囲との関係がマイナスに働く。そのことは、社会の暗黙ルールとして、まだ子どもだった私の記憶に刻み込まれました。

しかし、成人し社会へ出ると、感情を素直に出す人のほうが豊かな人生を送っているのではないか？　という疑問にぶつかりました。嬉しいときは「嬉しい！」と笑顔を見せ、イヤなときは「イヤだ」と顔を曇らせる。そう表現する人に「この人に嘘はないな」「信用の置ける人だな」と感じる機会が増えました。

社会へ出ると社交辞令として、本気で食事をする気がなくても「ぜひ、今度食事でもしましょう」と言うことがあります。社交辞令も「この人とよい関係を維持したい」という相手への思いやりです。しかし、社交辞令の世界に身を置き過ぎると「何が本当で、何が嘘か？」がわからなくなるように、人を少し信じられなくなります。なぜならば、自分自身が感情にフタをし、周囲の人と言葉を交わすときに嘘をついているからです。

他人は自分を映す鏡です。他人が信じられなくなるときは、自分を信じられなくなっているとき。人は嘘をつくときもあれば、真実を語るときもある。ケースバイケースです。私も感情にフタをするときがあれば、フタを開いてガス抜きをするときもあります。ときどきフタをする程度で、日頃は開いている。それぐらいの状態のほうが、人生は豊かに思

我が家に居ついている猫のチーくん。動物のように感情をあらわにすれば、人ものんびりと今を楽しむことができるかもしれません。

います。

感情を開くことで素直に自分の気持ちを感じることができ、喜びも悲しみも等しく同じだとわかります。悲しみなどの負の感情を入口で否定すると、奥深さを知ることができません。「憂い」という字に人が寄り添うと「優しい」になります。悲しみを知ることで、人は人に優しくできるのです。

不思議ですが、**悲しい・苦しいという負の感情を無視し続けると、反対側の嬉しい・楽しいという正の感情の感度が下がってきます。**感情に善悪はありません。悲しい・苦しいという感情も「これは危険だ」と知らせるシグナルです。警報を無視して行動すれば、危険な目に遭います。とても自然なことです。一方、嬉しい・楽しいという感情は、「これは安全だ」と安心感をもたらしてくれます。どちらも、人が生きるうえで大切なものです。

香港の有名な俳優で脚本家のブルース・リーの名言に、「考えるな、感じろ」というものがあります。感じることは考える能力を上回ります。人間の第6感や、場の空気を読むと呼ばれるものは、まさに感じる能力です。理屈では説明できませんが、感じる。

自分の湧き上がる感情に耳をすませることは、感じるアンテナを高くします。企画力やアイディアを出すような場面では、感じる能力が高いと世の中の情報を拾う感度が上がり、よい発想が生まれます。感情にフタをすると、外部からよいものが入ってこなくなり、発想も行き詰まります。

感情にフタをすることに慣れてしまっている人へ、私の感情の癖の抜き方をご紹介します。

ポイントは、次の3つです。①場所（住居）を変える。②（つき合う）人を変える。③時間の使い方を変える。

私自身は、転勤族という夫の仕事の特性上、引っ越しで場所を変えることで、暮らしを見直しました。また、これまでつき合いのあった人たちと、半年〜1年音信不通に。友人・知人の帽を広げることで、新しい人間関係を築きました。そして、生活をこれまでの夜型から朝型にシフトし、時間を有意義に使いました。

このように、感情の癖を抜くには、それまでの刺激を一度遮断することが大切です。パターン化された刺激を断つことで、自分の心のパターンを外し、整理する。

可能であれば、旅に出るのもよいでしょう。場所、人、時間……自分を取り巻く環境ががらりと変えられる旅は、①〜③を比較的低いハードルで体現できます。鴻上尚史さんの著書『孤独と不安のレッスン』には、沖縄へひとりで行き、何もすることもなくぼんやりしていると「この仕事が嫌いだ」「あいつが苦手だ」などふだん思っていなかった感情が溢れ出して、とても衝撃的な体験をされたと書いてありました。自分の頭と心には距離があります。自分は自分を知らないことのほうが多いのです。

感情のフタを開き、お腹の底から笑い、悲しいときは思いっ切り泣く。他人とは別れても自分とは一生つき合います。自分自身は大切な存在です。言葉にならない自分の感情を受け止めることで、感情の表現が豊かになり、その豊かさが人生につながっていきます。

怒りは無理に鎮めようとせず、心の中で相手を思いっ切り罵倒します。負の感情にフタをしてしまうと、正の感情に鈍感になってしまいます。

私と他人の、感情の「責任の行方」

「ああ！　なんてことをしてしまったんだろう……」。

不用意な言動で他人を傷つけてしまったとき、私はあとから深く反省します。時間は巻き戻せませんし、覆水は盆に返りません。先に後悔することはないのです。

自分の感情の責任は、自分にあります。たとえば、会社で腹が立つことがあったから、駅で人を小突いた。小突いたのは自分を怒らせた会社であって、自分ではない。だから、文句があったら会社へお願いします、などとは言えないですよね。誰かに傷つけられたときも、自分の感情の責任は、傷つけた人ではなく自分にあります。相手にあるとしたら、それは原因。「腹が立つ」「傷ついた」など自分が引き起こした感情は、自分で処理する必要があります。

逆に言えば、**自分の感情は自分だけのもの。そのことを大切に思うだけで、ぐっと生きることがラクに**なります。ふだんの生活の中でネガティブと思える感情が湧いたとき、「こういうふうに感じる自分はよくない……」と自己否定するのではなく、「私はこんなふうに感じている！」と自己肯定すれば、素直に受け入れることができます。感じ方は、自分だけのもの。「これはよくない」と自分の感情を無理に取り上げる必要はありません。

喜びも悲しみも自分だけのものですが、ときには分け与えることもできます。応援しているスポーツ選手が試合に勝ったり、友人の努力が実って願いが叶ったとき、自分のことではありませんが、喜び合えます。自分に辛い出来事が起きたとき、話をじっくりと聞いてくれ、「悲しかったね。頑張ったね」という友人のひと言で、悲しみが薄れます。

誰も他人の感情の責任を取ることはできません。それは、家族であっても同じです。**しかし、他人の感情に対してできることもあります。話を聞くことと一緒に遊ぶことの2つ**です。なかなか晴れない感情を救おうと解決策を出す必要などありません。ただ、一緒に黙って時間を過ごすだけでも、感情は癒されます。

私が子どもの頃、学校で仲間外れになったとき、父が釣りに誘ってくれました。毎週、自転車の後ろに私を乗せて海へ行き、遊び相手を失った私と遊んでくれました。自分に寄り添う相手がいてくれるだけで、心は安らぎます。そして、寄り添う相手は他人とは限りません。自分で自分に寄り添う。自分に寄り添える人は、他人に寄り添うこともできます。

自分の感情に寄り添えるようになると、自分を許すことができ、他人を許せるようになります。他人を許せないでいると、それを許せない自分が許せず、感情が行き詰まってしまいます。まずは自分に寄り添うことから始め、感情の出口を作ります。

私は今、怒っているから体をがむしゃらに動かそう！ 私は今、悲しいから泣けるビデオを見て思いっ切り泣こう！ 悲しいときは、あの人に話を聞いてもらおう……。自分の感情に寄り添い、感情が健康的に流れる道を作ります。

自分で自分に寄り添う――。難しそうに聞こえるかもしれませんが、じつは女性は得意で誰もがすでに経験済みです。失恋したとき「悔しいから、いつか見返せるようにキレイになる！」というのも、感情を利用した前向きな活用法のひとつ。自分の宝物として、今の感情を大切にしたいものです。

だったら、私がいじめられます！

私は自分が嫌いで、なかなか好きになれませんでした。しかし、自分の信念を誰かに否定されそうなときや、困難を乗り越える勇気が必要なとき、応援し、支えてくれたのは、誰でもない過去の自分だったのです。

小学5年生のとき、グループのリーダーに「とくに嫌いなわけではないけれど、いじめをする」と指名された子がいじめを受けることがありました。ある日、親友がターゲットになり、無視しなければならなくなったので、「だったら、私がいじめられるよ」と親友の身代わりに。自分の意思で親友をいじめるのではなく、誰かの指示でいじめる。なんだか自分のプライドが許せませんでした。親友には「明日からターゲットになったけど、よろしくね！」と伝え、陰でこっそりと遊び、友情は40代になった今でも続いています。親友は今年、双子のお母さんになりました。

何かひとつ、自分を信じて貫き通すことができれば、大きな力になります。その過去が、苦しい出来事を乗り越えようとするとき、「よし、負けないぞ！　頑張れ、私」と力を与えてくれます。逃げ出しそうになっても、小学5年生の私に「後悔しない？」と問われれば、足を止めます。

人が人生の中で最も後悔するのは、やったことよりやらなかったことです。**素直な心に向き合うと、答えはシンプルです。好きな人に「好きです」と伝えることや、イヤだと思うことは「ノー」と示すこと。**いじめに向き合ったことは、私の人生の最初の大きな決断でしたが、今でも心の大きな支えになっています。

チクチクと手を動かしていると無心になり、マイナスだった気持ちがゆっくりと0に戻っていきます。針仕事は自分を取り戻す大切な時間。

私の幸福論

「やまさんにとって幸福とは？」と、この本の制作時に質問を受けました。

「幸福を感じること」と「幸福になること」は、大きく違います。幸福を感じることは、たとえば家事の合間に手を止めておいしいコーヒーを飲んだり、新しい服に袖を通してワクワクするなど、今この瞬間にでも手に入ります。一方で、たとえばお金持ちになるなど、幸福になるという完成形は存在しません。お金を持っていても不幸な人はたくさんいます。お金を持つことはお金の不安が消えるだけで、幸福とは違います。

ときには幸福が不幸を呼ぶこともあります。宝くじに大当たりした人が、散財して自己破産するケースは、宝くじに当たったことが不幸の始まりです。一見、幸福だと思えることが不幸の始まりになる。幸せや不幸は表裏一体で、同じ1枚のカードです。

逆に、不幸な出来事が幸せを運んで来てくれることもあります。昔、妊娠中につわりがひどく、半年近く寝込みました。食事がとれず、熟睡もできない。体が回復したときに、「健康って幸せなことなんだなぁ」と、当たり前のことがどれだけ恵まれているかを実感しました。頭ではわかっていても、長期間寝込むことの大変さは体験しなければわかりません。

ご飯を食べて、おいしい！　と感じることは、とても幸せです。冬の寒い日にこたつでゴロゴロする……至福のひとときです。そんな小さな「瞬間の刹那」が私の想う幸福です。不幸だと感じるときもありますが、そのことを通して「これって幸せ！」という瞬間もたくさん見つかります。

ただ、不幸を嘆くより、不幸を知ることで幸福を知る。それが私の幸福論です。

インコのチキちゃんと遊ぶひとときも、幸福を感じること。鳥は人より命が短いので、今、この瞬間を一緒に過ごせる幸福を大切にしたいのです。

モノをたくさん並べるのではなくひとつを選んで置くことは、
あれこれ考えずに大事なことに集中できて、人生をどんどんシンプルにしてくれます。

おわりに

私たち主婦業を担う者には、1年中休みがありません。

毎日繰り返される家事に、時折ため息をつきたくなりますが、
泥だらけの靴が真っ白になり、しわしわだった服がピンとし、料理で元気を取り戻す……。

どれひとつとっても、家族を笑顔にする「家のこと」です。

ライフステージが上がると、最初は1人分だった家事が2人分、
そして3人分と増えていきます。あれもこれもと家事に追われていると、

「あれ？ 私の人生って何？」と考えてしまいます。

本当は疲れているのに頼まれごとを引き受けたり、
イヤだと思っていることを我慢してやり続けたり、
自分を粗末に扱って、人生を複雑に考えてしまいがちです。

そんなとき、モノを持たないライフスタイルで身についた
「この場面での優先順位はなんだろう？」という考え方が役立ち、

「私の人生って、私が主役だ！」と思えるようになりました。

人生を複雑にしないためにも、シンプル思考は主婦業を担っている人に有効です。

物事をできるだけシンプルに捉え、自分の心の荷物を下ろし、

「なんとかなるさ！」と笑顔で接する。すると、自分が思う以上に家族が喜んでくれます。

心に余白ができた分、周りの人々の温かい言葉を受け入れることができます。

モノを持たない暮らしは、「もっと身軽に生きていいんだよ」と

私にエールを送ってくれました。
そして、自分が身軽に生きられるようになると、
「やりたいこと、やったらいいじゃない！」と家族の背中を押すことができます。
お互いの人生を犠牲にせず、自分の人生を歩く。
その一歩をそれぞれが踏み出せることを、今、新しい暮らしで実感しています。
この本を手に取って下さった方々に、あなたも「身軽に生きてもいいんだよ」と
お伝えすることができれば、これ以上嬉しいことはありません。

２０１６年11月　やまぐちせいこ

やまぐちせいこ

ミニマリスト、主婦／ブログ「少ない物ですっきり暮らす」主宰。1977年生まれ。高校のデザイン科を卒業後、24歳で結婚。フルタイムで勤務する傍ら、30歳で漫画家デビュー。6年前より子どもの生活サポートのため専業主婦に。転勤族で引っ越しをきっかけにモノの持ち方を考え始め、持たない暮らしに目覚める。現在、夫、長男(14歳)、長女(12歳)、義理の両親と同居生活中。著書に『少ない物ですっきり暮らす』(ワニブックス)、『無印良品とはじめるミニマリスト生活』(KADOKAWA)がある。

少ない物ですっきり暮らす
http://yamasan0521.hatenablog.com/

編集・構成　浅沼亨子
写真　林ひろし
　　　やまぐちせいこ(P10-11、41、57の一部)
ブックデザイン　若山美樹(L'espace)
イラスト　やまぐちせいこ
間取り図　長岡伸行
校正　西進社

[問い合わせ先]
エトヴォス　0120-0477-80
無印良品　池袋西武　☎03-3989-1171

※本書でご紹介したものはすべて著者の私物です。
　現在は手に入らない場合もありますので、ご了承ください。
※家事や収納方法を取り入れる場合は、
　安全性や有用性を十分に検討し、個々の判断で行なってください。

シンプル思考で
すっきり
身軽に暮らす

2016年11月30日　初版第1刷発行
2017年2月13日　第4刷発行

著者　やまぐちせいこ

発行者　滝口直樹
発行所　株式会社マイナビ出版
〒101-0003
東京都千代田区一ツ橋2-6-3 一ツ橋ビル 2F
TEL 0480-38-6872(注文専用ダイヤル)
03-3556-2731(販売部)
03-3556-2735(編集部)
URL http://book.mynavi.jp

印刷・製本　図書印刷株式会社

○定価はカバーに記載してあります。
○落丁本、乱丁本はお取り替えいたします。
お問い合わせはTEL 0480-38-6872(注文専用ダイヤル)、
または電子メール sas@mynavi.jp までお願いいたします。
○内容に関するご質問は、
編集第2部まではがき、封書にてお問い合わせください。

ISBN978-4-8399-6069-8